花千樹

四點鐘的驚恐

探討兒童過度活躍症

（增訂版）

何定邦醫生　著

目錄

P.8　　增訂版導言

第一章　　P.12　一　從父母／老師看……
四點鐘的驚恐　P.16　二　從年青人看……

第二章　　P.20　一　1902 年……
由一百年前說起　P.21　二　六十年代
　　　　　P.22　三　八十年代
　　　　　P.24　四　九十年代
　　　　　P.26　五　今天

第三章　　P.34　一　什麼是病？
坐不定就是病？　P.36　二　正常還是病徵？
　　　　　P.38　三　三十年的研究
　　　　　P.41　四　非一般的腦袋結構
　　　　　P.45　五　非一般的腦袋功能

第四章　　P.52　一　雯的故事
專心玩遊戲機　P.55　二　行為上的不專心
就沒有病？　P.56　三　不專心 ≠ 專注力短暫
　　　　　P.58　四　不專心 ≠ 容易分心
　　　　　P.59　五　時好時壞的不專心
　　　　　P.62　六　執行功能
　　　　　P.63　七　厭惡等待
　　　　　P.66　八　專注力的複雜性
　　　　　P.68　九　小結

第五章　　　　　　P.72　　一　遺傳的疑惑
一種遺傳病？　　　P.73　　二　歷史的教訓
　　　　　　　　　P.74　　三　家系研究
　　　　　　　　　P.75　　四　領養研究
　　　　　　　　　P.76　　五　雙生子研究
　　　　　　　　　P.80　　六　不止一個基因
　　　　　　　　　P.84　　七　尋找過度活躍症的基因
　　　　　　　　　P.89　　八　解釋不了的遺傳係數

第六章　　　　　　P.94　　一　先天還是後天
遺傳以外　　　　　P.95　　二　孕婦吸煙可以令孩子
　　　　　　　　　　　　　　　過度活躍？
　　　　　　　　　P.98　　三　媽媽酗酒又如何？
　　　　　　　　　P.100　四　出生問題與過度活躍症
　　　　　　　　　P.102　五　環境毒素
　　　　　　　　　P.105　六　一樣的事情、不一樣的經歷
　　　　　　　　　P.107　七　我中有你，你中有我

第七章　　　　　　P.112　一　曲折的求助過程
過度活躍症的　　　P.114　二　診所裡的評估
斷症及其他　　　　P.117　三　關於斷症的一些常見誤解
　　　　　　　　　P.123　四　問卷、測試及其他

第八章　　　　　　P.130　一　由霍亂開始說起
過度活躍症的　　　P.132　二　什麼是流行病學？
流行病學　　　　　P.133　三　跨文化流行病學
　　　　　　　　　P.135　四　過度活躍症的流行病學資料

第九章 「禍」不單行	P.138	一	八種不同問題
	P.149	二	過度活躍症以外
	P.155	三	臨床的考慮

第十章 父母篇	P.158	一	教子方程式
	P.159	二	四個個案
	P.165	三	父母的感受
	P.168	四	日常生活處理的建議

第十一章 老師篇	P.178	一	老師的觀察
	P.179	二	四個個案
	P.183	三	幾點建議
	P.187	四	課室以外

第十二章 藥療篇	P.192	一	一切由意外開始
	P.193	二	什麼是中樞神經刺激劑？
	P.195	三	中樞神經刺激劑的功能
	P.197	四	中樞神經刺激劑對過度活躍症的療效
	P.199	五	服藥時間的考慮
	P.201	六	對孩子的解釋
	P.202	七	常見的副作用
	P.204	八	副作用常見的誤解
	P.207	九	服藥的顧忌
	P.208	十	中樞神經刺激劑的選擇
	P.211	十一	非刺激劑的藥用選擇
	P.213	十二	吃藥的考慮

第十三章　　　　P.218　一　奇仔父母的疑問
藥療以外　　　　P.219　二　吃、還是不吃？
　　　　　　　　P.222　三　要求藥物之外的治療
　　　　　　　　P.224　四　家長管教訓練
　　　　　　　　P.227　五　過度活躍症小組訓練
　　　　　　　　P.229　六　以孩子為本的訓練
　　　　　　　　P.231　七　藥療還是訓練？

第十四章　　　　P.240　一　六十年代的謬誤
成長篇　　　　　P.241　二　過度活躍症孩子的成長
　　　　　　　　P.247　三　研究與現實的鴻溝
　　　　　　　　P.250　四　抗逆新詮
　　　　　　　　P.251　五　病理的考慮
　　　　　　　　P.253　六　發展的需要
　　　　　　　　P.255　七　環境對成長的作用
　　　　　　　　P.257　八　預知未來？

第十五章　　　　P.260　一　神農氏
成人過度活躍症　P.263　二　成人過度活躍症的評估
　　　　　　　　P.269　三　還有其他
　　　　　　　　P.274　四　成人過度活躍症的治療

增訂版導言

　　《四點鐘的驚恐——探討兒童過度活躍症》的初版在 2005 年 9 月出版。轉眼間已是十三年，現在還清楚記得初版寫作時的情景。承蒙讀者不棄，有家長拿著此書在診所求證其中內容，也有在公開講座的時候，主持人介紹我是此書的作者，彷彿《四點鐘的驚恐》與我已經二合為一。

　　十三年並不是一段很短的時間，當年診治的個案患者，不是進了大學，便是已投身社會工作。在這十三年，雖然研究過度活躍症的論文數目暴增，可是對於理解與治療此病並沒有突破性的進展。文獻比較熱烈的討論都集中在此病的遺傳基礎與腦部異常的問題。這類題目對普通讀者來說，可能比較遙遠和沉悶，增訂版希望以較顯淺的文字和圖片解釋這些知識，使讀者能夠了解這十多年來對於過度活躍症的新發現。

　　這十三年間，過度活躍症的臨床研究大多集中在成人過度活躍症的範疇。在診所裡，也有大學生、在職人士、已為人父母在認識此病後開始求診。在可見的將來，此症將是不可迴避的臨床課題。雖然此書的副題仍然是探討兒童過度活躍症，不過增訂版裡加添了一篇對成人過度活躍症的探討。

增訂版還在各篇章作了不少修改與增補，這裡不作一一細數。

增訂版沒有修改的是初版採用的個案。這十多年並非沒有有趣的個案可以探討，只是看症越多越是覺得過度活躍症背後的孩子和父母才是關鍵。診斷與治療過度活躍症始終是有跡可尋的工作，臨床經驗也可以提示哪些個案的病歷與表現並不相符，需要小心處理。可是，同一病症在不同孩子和父母身上可以有截然不同的反應與走向。孩子有不同的性情，父母有各自的心魔，成長並非沿軌道行走，由診斷患有過度活躍症這一點開始，可以出現的變局各有不同。

本書探討的是一種病，從醫治病人開始，需要留意的，卻不止於病。

四點鐘的驚恐

💬 從父母／老師看……

「下午四點，電話又響起，我很害怕，實在不想聽。我知道又
是老師打電話來。由九月開學到現在，差不多每星期都有一兩次
這種電話，都是投訴孩子的問題：坐不定、離開座位、不聽話、
搗蛋。投訴聽得太多，覺得老師像在罵我。有時會安排自己四點
外出，不用接電話。」

「陪孩子做功課，簡直是噩夢。別人做一小時，他要做四小
時。由晚上七點開始，經常做到十一二點；有時做得慢，還會遲
至凌晨一兩點才做完，大家都很疲倦。孩子告訴我，他經常做噩
夢，夢裡不斷做功課。」

「幼稚園的時候，老師已經說他好動，那時情況還可以接受。
到了一年級，剛開學老師已投訴他坐不定，經常離開座位。他不
是蹲在椅子上面，就是躲在桌子下面；枱面的東西，不知怎的，
總會掉在地上，他就離開座位執拾，然後跟隔鄰的同學說話。」

「他差不多每天都丟失自己的東西，鉛筆、膠擦、筆盒、學校
通告和外套，有一次他還穿了同學的白鞋回家。丟失的東西實在
太多，膠擦和鉛筆，我是一盒一盒買的。」

「他吃飯也坐不定，左搖右擺。看電視，他也習慣一邊看，一
邊把玩自己的玩具。」

「吩咐他做事實在太辛苦。跟他說話，他沒有反應，好像聽不到似的。說了四五次，直至大聲呼喝，他才似乎知道你跟他說話，然後他又投訴你兇。」

「他經常離開座位、坐不定、又多嘴。學期初的時候，老師將他的座位調到老師的正前面，還將附近的同學調走，周圍都沒有人跟他說話。情況改善了一陣子，問題還是解決不了。現在又將他的座位調到課室的後角落，免他騷擾其他同學。」

「在家裡，他就像一副波子棋，在四面牆中間彈來彈去，沒有一刻安靜。」

「每天早上他就像開著的馬達，一直到晚上睡覺的時候才停下來。」

「老師說他不專心，東張西望，發白日夢。補習老師也投訴。在家裡，看他抄書就知道他有問題。差不多每寫一個字都停下來，咬咬鉛筆、玩間尺、戳膠擦，然後就發呆，要經常提醒，他才勉強完成一頁抄寫。」

「他實在沒有耐性。要他排隊，他就叫悶，在隊中走來走去，然後離隊，站在另一邊。隊伍中，他經常是站在最外面的一個，旁人看起來，也不知他是否正在排隊。」

「老師說他很多嘴，不單在座位內自己跟自己說話，也跟隔鄰的同學談話；沒有人跟他談，他就跟老師說話，沒舉手就說。在

家裡，大人說話，他會插嘴；跟他無關的話題，也是如此。他不管大人的反應，也不理會場合是否適當，他一說話，就堅持其他人一定要跟他聊下去。」

「他做事很沒『手尾』，東西做完就丟在一邊，不會放好。要用的時候就找不到，要全家動員幫他找。」

「實在不明白為何一吩咐他做功課溫習，他就先發脾氣；收拾好情緒後，他就討價還價。好不容易坐下來開始做功課，他又有很多藉口離開座位：刨鉛筆、拿間尺、喝水、去洗手間……總之，真正做功課的時間加起來，少於他發脾氣、討價還價和偷懶的時間。跟他解釋這樣浪費時間對大家都沒好處也沒有用，他不聽解釋，就是拒絕，不願意坐下來做功課。」

「小息的時候，他跑得最厲害，風紀記名不在話下，他還曾經撞傷其他同學。」

「他很容易分心。聽到妹妹在房外的腳步聲、電話鈴聲、街外的雜聲，他都第一時間離開座位，東張西望，然後忘記了他先前正在做的事。很多時，他開始了幾件工作，但沒有一件能切實地完成。」

「他做功課時很大意，很多錯誤。明明懂得，卻經常做錯。做算術題時，加數變減數，忘了進位退位的事經常發生。抄書時，由第一行抄起卻會忽然跳到第三行。考試時，從第一頁跳到第三頁，整整一頁沒做也不知道。欠做一頁，當然不及格了。」

「他總是沒有記性，唸乘數表唸了三天，還記不到三的乘數表。」

「準備默書要兩星期前開始，重複又重複，默書前一晚再溫，不知怎的，原本已經會默的，最後只剩一半。」

「已經三年級了，還不會收拾書包，他的書包就像一個垃圾箱。有用沒用的東西都在裡面。回到學校，交功課時打開書包翻一翻就說沒有帶，當然又是欠交。其實，功課是昨晚做的，還做得很晚才完成，功課簿就在書包的最底處，但太亂找不到，他也懶得去找。」

「老師說他上課時完全不在狀態，沒有留心，精神渙散，好像未睡醒似的。」

「出外，經常是令人擔心的問題。在茶樓，他吃完了就東跑西跳，一會兒說要看魚，一會兒要看車。跑得太多，侍應都認得他、怕了他。在商場，他不受控，拒絕拖手，永遠要走在我們的前面。他走得太遠太快，在商場走失了好幾次。在街上，最擔心他走得太快，一下子衝出馬路闖禍。跟他解釋過，下一次也是這樣子，惟有儘量減少帶他外出。」

「老師說，他在課室裡總是過分熱心，要幫忙開電腦他就第一個衝出來幫手，提醒他不用出來也沒有用，下一次又是如此。老師教訓其他同學的時候，他在座位裡又多加兩句自己的話，同學自然不喜歡他。」

「跟小朋友玩，經常吵鬧收場。他要小朋友跟他玩，但玩的時候又不守秩序，爭先恐後。快要輸的時候，他要改遊戲規則，最後當然不歡而散。乖的小朋友怕了他，只有和他一樣的小朋友才願意跟他一起玩。」

二 從年青人看……

「上課實在十分悶，根本聽不進去，很快就會想一會兒小息可以玩什麼。聽不到老師教的內容不要緊，回家媽媽會再教我。」

「要做的功課實在太多，不抄手冊、把功課收起，便不用做了。」

「溫習後也不會記得課文內容，不過媽媽要我溫習，不溫習她會罵我，十分兇呢！」

「如果神仙能夠給我三個願望，我的第一個願望便是不用做功課。」

「上一課要坐很長的時間實在太辛苦，特意把筆丟在地上，便可以站起來活動一下、看看其他人正在做什麼。」

「我沒有問題的，是大人說我有問題而已，你問他們會比較好，是他們迫我來的。」

「什麼？要我看精神科醫生？是你有問題，我沒問題！」

「功課也不知道該從何入手，惟有拖著不做，到要交功課的時候，做一會便不想做，最後只好欠交。」

「補習老師說這些內容他上次已經教過我，回想一下，那時我好像懂得一點，不過到下星期，便由零開始。」

「覺得自己很差勁，功課不想做，考試不想考，大部分也不懂得做，懂得做的也懶得做。」

「東西全都不知道放在哪裡，要問媽媽才知道。」

「其實小時候我已知道自己沒辦法專心，小學上課時迷迷糊糊的，中學開始知道自己讀書不行，臨考試前只好迫自己溫習，平時上課根本只是發白日夢，我的成績是這樣迫出來的。」

「以前也沒這麼嚴重，不過上到中學後，不知為何上課時會自然睡著，媽媽帶我去看醫生，醫生說我有睡眠窒息症，做完手術後，上課還是繼續睡。」

「難以與同事相處，他們說有些事明明曾說過，但之後我卻會說他們從沒提及，好像他們不曾說過似的。」

「我知道我記性不好，所以別人說話時，我便立刻寫下來，有時來不及寫，弄得整張枱都是紙張，有時寫完後都不知道要做些什麼。」

「老闆說我做事不小心，經常做錯，還說辦公室的工作不適合我，把我調到第二個部門，要我外出見客。」

「開會只是過了半小時，已經坐不下去，身上好像有蟻咬般，身子要動來動去，或者要找個藉口出外走走。」

「別人的話還未說完，而我知道他說什麼的，我便會插嘴，每個人都知道我沒有耐性；要等的，我寧願不要。」

「要開始做一件事實在太難，明明知道最後還是要做的，總不想開工，拖到最後一晚，再不能逃避，惟有硬著頭皮迫著做。做得好馬虎，當然沒有質素，我知道這樣不好，但每次都是這樣的，改不了！」

「不見東西的情況已經改善了很多，以前什麼也弄丟，現在已經較有條理，記得東西的擺放位置，不過總有遺失東西的時候，上次門匙插在大門外，還以為不見了！」

「每份工作都不能做一段長時間，不是自己覺得悶，便是老闆嫌我做得不好。其實我有很多想法，不過總是不能實踐出來。」

「要我閱讀文件，簡直受不了，一大疊紙，那些字密密麻麻的，不斷看也不明白在說什麼，秘書看完後複述給我聽會好一點，較易明白。」

以上都是有過度活躍症孩子的家長和老師常有的投訴和觀察，以及患有過度活躍症的年青人的心聲。有些可說是非常典型的投訴。當然不是每一個過度活躍症的孩子都有以上的問題，過度活躍症也不止有以上的問題。究竟什麼是過度活躍症呢？這可從一百年前說起……

由一百年前
說起

一 1902年……

　　過度活躍，通常是泛指活動量過多的行為。而所謂過度活躍症，是指由這類問題的行為特徵（包括活動量過多、不專心和衝動的行為）組成的一種疾病。過度活躍症有很多不同的名稱，包括此文將會解釋的注意力不足過度活躍症和它的各種細緻分類，為方便描述，除特別解釋外，此書所稱的過度活躍症將籠統地包括英美學派對此類病症的不同分類和名稱，也包括注意力不足的病症。

　　孩子坐不定而「變成」一種病，並非新鮮觀點，也不是現代化教育衍生出來的病態，早在一百年前，已有論述。

　　1902年，英國倫敦國王學院醫院的George Still爵士於權威醫學雜誌《刺針》（The Lancet）發表了一篇演辭 "Some abnormal psychical conditions in children"，當中分析了二十個兒童的病歷。他當時紀錄的行為特徵，例如不停的身體活動、異乎尋常的專注困難、沒有弱智但有明顯的學習問題、不受懲罰影響的破壞和暴力行為等等，都被後來的學者普遍認為是現今兒童過度活躍症較早期的描述。George Still認為這些兒童的行為問題並不單是孩童初年教養困難所引起，而是因為遺傳上或後天腦部的創傷導致道德上有缺陷。George Still身處的年代，仍是達爾文（Darwin）進化論甚具影響力的年代，人類的道德價值和判斷，被視為進化過程中，最高層次和最先進的進化，如進化過程稍為出現問題，便被理解成行為問題的病因。一百年前的理解，當然

與今天的認知，相距甚遠，但 1902 年的論文，至今仍經常被引用。

那麼，在 1902 年之前是不是沒有過度活躍症呢？答案當然不是，研究醫學歷史的學者在有限的文獻裡，也找到類似現今過度活躍症的描述，譬如在 1798 年蘇格蘭醫生 Alexander Crichton 的著作 *An Inquiry into the Nature and Origin of Mental Derangement* 也找到了對專注力不足病徵的詳細描述，更清楚指出專注力不足是有腦神經基礎的疾病。可是 George Still 被喻為「英國兒科之父」，影響力當然比前人為高。我們姑且就由 1902 年開始，追尋過度活躍症過去一百年的歷史。

六十年代

George Still 之後的五十年，過度活躍的行為普遍被認為是因為腦部受損出現的後遺症，這種想法，在五、六十年代逐漸形成了所謂輕度腦障礙（minimal brain dysfunction, MBD）的觀點。美國學者 Dr. Benjamin Pasamanick 和他的同僚在五十年代中至六十年代初發表一系列論文，認為在懷孕或孩子出生時候有早產、缺氧等情況，令腦部損害，嚴重的可導致兒童死亡、痙攣、弱智或羊癇，輕微的損害便會出現過度活躍的行為問題。所謂障礙（dysfunction），就是泛指當時概念上尚未仔細分類的發展障礙、讀寫困難、語言遲緩、學習困難和過度活躍等行為問題。而所謂輕度（minimal）是因當時對人類腦部的結構與運作認識尚

淺，仍未準確找到腦袋哪一部分出現病變，但卻相信病源應該是
腦部受損的一種想法。

　　腦部受損的兒童當然可以導致眾多的疾病包括行為問題，但
有行為問題卻不一定是腦部受損引起的。而且，腦袋的哪一部分
受到何種的損害和通過怎樣的病理機制而成為行為問題也是含糊
不清。由七十年代開始，通過對各種不同類型行為問題的研究，
逐漸認識到羊癇、弱智、讀寫障礙或過度活躍症並非相似的病
症，更不是同一病因引起，MBD 這個籠統而不確切的概念，也被
逐漸放棄。

📑 八十年代

　　七十年代初，加拿大麥基爾大學的 Susan Douglas 和她的研
究隊伍，開始了一系列對過度活躍兒童在行為觀察和認知心理方
面的實驗，發現這些兒童的核心特徵是專注力短、容易分心和衝
動，專注力的缺陷持續到青少年也沒有明顯改善。Susan Douglas
不單開拓了對過度活躍兒童認知能力的研究範疇，在當時，也令
美國精神學會（American Psychiatric Association）改變了這個
病的稱號，由以往只強調身體活動量過多而變成了注意力不足症
（attention-deficit disorder），也是人們常說的 ADD 了。

　　在過去四十年，美國精神學會對過度活躍症的稱號，不斷
改變，有點兒似法國時裝，每個年頭都有她的偏好（表 2.1）。

1980 年，美國精神學會發表了 Diagnostic and Statistical Manual of Mental Disorders 第三版（DSM-III），稱這個病是 attention-deficit disorder，之下可以細分成有或沒有過度活躍的徵狀，亦即是注意力不足症有過度活躍病徵（ADD with hyperactivity, ADDH）或注意力不足症而沒有過度活躍病徵（ADD without hyperactivity, ADD w/o H）。換言之，有注意力不足的小朋友，可以是沒有過度活躍問題的。這個轉變，一下子將注意力不足變成了病的核心特徵，過去五十年強調的活動量過多，反變得可有可無。

七年後，Diagnostic and Statistical Manual of Mental Disorders 第三修正版（DSM-III-R）出籠，病的稱號變成了注意力不足過度活躍症（attention-deficit hyperactivity disorder），也就是人們常稱的 ADHD。ADHD 變成了單一的病症，再沒有像 DSM-III，ADD

表 2.1　過度活躍症的不同稱號

- 輕度腦障礙（minimal brain dysfunction, MBD）
- 注意力不足症（attention-deficit disorder, ADD）
  - i）注意力不足症、有過度活躍病徵（attention-deficit disorder with hyperactivity, ADDH）
  - ii）注意力不足症、沒有過度活躍病徵（attention-deficit disorder without hyperactivity, ADD w/o H）
- 注意力不足過度活躍症（attention-deficit hyperactivity disorder, ADHD）
- 注意力不足／過度活躍症（attention-deficit / hyperactivity disorder, AD/HD）
- 多動症（hyperkinetic disorder）

的再分類。在一系列十四個過度活躍、衝動和注意力缺陷的病徵中，需要有至少八個徵狀，亦即意味，每個病人可有不同組合的徵狀和因徵狀多寡的不同嚴重程度。相對 DSM-III 的 ADD，DSM-III-R 的 ADHD 變成一個比較龐雜籠統的病症。

四 九十年代

1994 年，亦即是 DSM-III-R 出版後的七年，DSM-IV 相繼出籠，此病病名並沒有變，轉變的只是在 attention-deficit 與 hyperactivity disorder 之間加多了一個 slash，即是 attention-deficit / hyperactivity disorder，AD / HD。名稱依舊，但內涵已變，DSM-IV 的 AD / HD，仔細列出兩大類型病徵：

第一類是注意力不足病徵，包括：
一、經常對細節不留心，有不小心的錯誤。
二、經常有保持注意力的困難。
三、別人對他說話，經常好像沒有聽到。
四、經常不能貫徹執行指示，未能完成功課或家務。
五、在組織工作或活動時，經常出現困難。
六、不喜歡或不願意參與要花時間專注的工作。
七、經常遺失在工作或活動中的必需品。
八、經常容易被無關事物分心。
九、經常忘記日常的活動。

第二類是過度活躍和衝動行為病徵，包括：

一、經常在座位中扭動身體，手腳經常「郁動」。

二、需要安坐的時候，經常離開座位。

三、在不適當的時候，經常周圍走動或爬高爬低。

四、在玩耍或參與空暇活動時，經常不能保持安靜。

五、時常不停「郁動」，好像是「開著摩打」似的。

六、經常說話過多。

七、問題還未完結，經常搶著說出答案。

八、經常不能排隊輪候。

九、經常騷擾別人，或強行打擾別人對話或遊戲。

美國精神學會 DSM-IV AD／HD 的界定是，在每組九個病徵中，必須有六個或以上的病徵，在兩個不同環境中（例如家裡、學校）出現，而導致社交、學習或工作上有明顯的困難，發病必須在七歲之前，而病徵亦要維持半年以上。

DSM-IV AD／HD 還可細分成三種相關的分類。如果只是符合注意力不足的病徵，而沒有明顯的過度活躍或衝動行為，那便是注意力不足型（AD／HD, predominantly inattentive type）。如果只是符合過度活躍衝動行為那一組病徵，而沒有明顯注意力問題，那便是過度活躍、衝動型（AD／HD, predominantly hyperactive – impulsive type）。如果符合兩組病徵的要求，即有明顯的注意力不足和過度活躍衝動行為，那便是混合型（AD／HD, combined type）（表 2.2）。

表 2.2　美國精神學會 DSM-IV 對過度活躍症的定義

符合九項過度活躍和衝動病徵中其中六項

符合九項注意力不足病徵中其中六項

- 病徵在七歲前發現
- 符合病徵已維持半年以上
- 病徵在兩個或以上環境出現
- 導致社交、學習或工作上有明顯障礙
- 病徵並不是由其他身體或精神問題引致

五　今天

　　由九十年代開始，對過度活躍症的研究越趨蓬勃，在醫學專用的聯網打上過度活躍症，在 1990 年可以找到二百多篇文獻，在 2015 年可以找到差不多一千九百篇，二十五年間，相關文獻增加八倍之多（圖 2.1）。

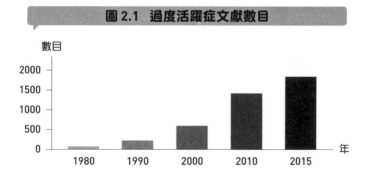

圖 2.1　過度活躍症文獻數目

在這些研究基礎下，2013年美國精神學會發表了Diagnostic and Statistical Manual of Mental Disorders第五版（DSM-V），其中對過度活躍症有幾項重要的修訂。

第一，過去二十年的研究印證了DSM-IV對過度活躍症病徵的有效界定，DSM-V委員認為病徵界定無需改變。可是越來越多數據證實兒童過度活躍症會延續到成年，現在的過度活躍症病徵只是建基於兒童及青少年的觀察，對成年人並不適合，舉例說，兒童時期經常周圍走動或爬高爬低，長大後這個病徵並不常見，可能只剩下很想走動的感覺。委員認為有需要將病徵的界定顧及成年過度活躍症的特徵，但又不想變成兒童期和成人期兩套不同的病徵，所以DSM-V委員決定保留上一版十八個過度活躍、衝動和注意力不足的病徵，但在不同的病徵下加入了適合成人期病徵的例子以作說明。

第二，不少過度活躍症的跟進研究（follow-up study）發現隨著年紀長大，病徵的嚴重程度開始降低，到了成人期，病徵的數目可能減少，但仍然造成不少的困擾，將病徵的數目鎖定在九項病徵中有六項或以上，可能令不少仍有問題的成年人未能符合病徵數目的要求而出現誤診，所以DSM-V委員決定在十七歲或以上過度活躍症病徵的數目由六項降低至五項。換言之，一個十九歲的病人只要在九項病徵中符合五項就已經符合該病徵的斷症守則。

　　第三，委員發現病起時間定於七歲或之前並沒有確切的科學證據，相反不少數據指出病徵在七歲之前或之後出現，對病情的了解、專注力的表現、與過度活躍症共生的疾患、家族史和對藥物治療的反應，並無分別，所以委員決定將過度活躍症的病徵發現時間由七歲推遲至十二歲。

　　第四，DSM-V 委員對於如何將過度活躍症仔細分類仍存有不少爭議，對於二十年前 DSM-IV 將過度活躍症分成三類，即（1）混合型，（2）過度活躍、衝動型和（3）注意力不足型，並不同意。事實上，很多過度活躍症的病徵特性和嚴重程度，會隨著年齡、心智的成熟、環境的要求，而有所改變，更有出現轉型的現象。舉例說，原本是混合型的過度活躍症孩子，隨著年紀長大，過度活躍、衝動的病徵有所改善並消失，但注意力不足的病徵仍然持續，混合型的過度活躍症在幾年後變成注意力不足型。又舉例說，原本是過度活躍、衝動型的孩子，在小學的後期，學習的要求增高而令注意力不足的病徵完全顯露出來，過度活躍、衝動的病徵並沒有改善，過度活躍、衝動型的孩子在小學的後期變成了混合型的過度活躍症。委員認為有需要淡化三種過度活躍症類型的分類，只需說明孩子現在呈現的是哪一種病徵為主，亦即 ADHD combined presentation、predominantly inattentive presentation、predominantly hyperactive / impulsive presentation。

第五，對於以前是過度活躍的個案，在長大後不再符合斷症守則，但仍有不少病徵，而病徵仍造成社交上、學習上或工作上的困擾，委員認為需要說明這些只是部分康復（partial remission）。

第六，根據病徵數目的多寡和影響程度，DSM-V委員認為有需要說明過度活躍症的嚴重程度。簡單來說，病徵僅僅符合守則要求的六項而影響較輕，可以說是輕微的過度活躍症。如果過度活躍症病徵差不多是九項全中或有好幾個病徵嚴重地影響孩子日常生活，便是嚴重的過度活躍症。兩者之間的便是中度的過度活躍症。

綜合而言，美國精神學會DSM-V對過度活躍症的定義，可以撮要成表2.3。

表 2.3　美國精神學會 DSM-V 對過度活躍症的定義

符合九項過度活躍和衝動病徵中其中六項
符合九項注意力不足病徵中其中六項
（十七歲或以上只需符合五項）（成人期病徵加以例子說明）

- 病徵在十二歲前發現
- 符合病徵已維持半年以上
- 病徵在兩個或以上環境出現
- 導致社交、學習或工作上有明顯障礙

- 病徵並不是由其他身體或精神問題引致
- 需說明
  1）現在呈現哪一類型病徵
  2）是否並未完全康復
  3）嚴重程度

以上僅是美國精神學會在過去四十年對過度活躍症定義轉變的一些梗概。在大西洋彼岸的世界衛生組織（World Health Organization），尤其是英國方面對過度活躍症的稱號和界定，與美國精神科醫生的看法，並不相同。篇幅關係，這裡從略。

近四十年的變化，看似繁瑣，其實反映了大量和豐富的研究成果，令科學家和精神科醫生不斷修正過往的看法和定義。打開任何一本有代表性的兒童青少年精神科醫學或臨床心理學的專業叢刊，經常發現有關過度活躍症的論文，亦有專門刊登研究過度活躍症論文的學術雜誌。除了自閉症（autism）之外，過度活躍症可能是兒童精神科中，最被廣泛研究的病症。

疾病定義不斷變化，也側面反映了科學家和精神科醫生仍未找到一個在研究上和臨床上都被接納的理想定義。而研究和臨床服務對病症定義的要求和期望，往往並不相同。研究上，科學家傾向界定一個較為狹窄和同一性質（homogeneous）的病症，方便在研究過程中，尋找病因和治療方法，太過籠統的定義，容易將並不相同的病症組在一起，構成研究上的噪音。但是臨床上，醫生往往發覺研究上，論文裡界定的病人，在診所裡只佔少數，大部分的病人，並非研究報告的典型病人，而只有部分病徵相同。面對大部分「非典型」的病人，醫生面對的問題是，要向家人和病人清楚解釋「非典型」的判症，更需要知道論文上記載治療「典型」病人的方法，是不是可以應用在「非典型」的病人身上。過分狹窄的定義，對臨床應用造成困難。在宏觀的資源運用的策略上，醫生需要清楚告訴科學家們，哪些才是對臨床診治有應用價值的研究。

　　由 George Still 到今天，過度活躍症的定義和稱號不停在變，我們對活動量過多和注意力不足兒童的認識過程，有點似瞎子摸象，在不同的時期，誤以為已經探索到象的輪廓。一百年前，孩子行為的異常被理解為由進化上的倒退引致的道德缺陷；在往後的半個世紀裡，科學家一廂情願地相信各種行為問題，包括過度活躍症在內，是腦神經系統輕微受損的徵狀；過去的四十年，我們由理解病因和病理去界定過度活躍症轉到現象學（phenomenology）的範疇，病症的定義變成純粹建基於行為問題的描述，由擁抱注意力不足作為病的核心病徵開始，到發覺這概念的不足，再重新發現過度活躍和衝動行為病徵的重要性。

　　有人說，歷史應該是對有爭議的事情，而非已確定的事實的紀錄。亦有意見認為，大部分的歷史，只是記載前人不斷重複的錯誤。今天，回望過去一百年探索過度活躍症走過的曲折道路，當年的爭議與錯誤，好像已是遙不可及，但歷史彷彿預告，在往後的日子裡，我們對這個病的認識，仍會繼續轉變、犯錯和糾正。

坐不定就是病？

▬ 什麼是病？

「坐不定，不是病。」

不容易找到可以說服上面一句的想法。簡單的句子，聽了很多次，都是對過度活躍症這個病的質疑，有直接爽快的不同意，亦有挑戰診斷的可靠性和準確度，也有禮貌轉折的暗示，例如「孩子不過是有時有點『曳』」、「他只是性格好動而已」、「可能老師教書實在太悶，轉變一下教導方法便可」、「轉到活動教學的學校便沒有問題」、「去國際學校讀書便可以」，也有家長真的將孩子轉到外國求學，以為問題就解決了。

類似的說話，從不少父母口中聽過，說話背後的含意，都是不覺得孩子有過度活躍症這一種病。

嘗試過不同方法去游說父母接受病症的解釋。年青的時候，最常用的方法是權威式的說法（我是醫生，你不是），當然現在還用。在滿腹經綸的日子，會充滿信心地套用各種研究報告（英國倫敦大學的研究結果是……）。在彷彿心懷體諒的剎那間，也會嘗試動之以情（是不是擔心斷症的標籤會令孩子帶來不便？）。

但是，無論採用何種方法，結果還是遺憾地一致。大部分不相信的父母，仍是不相信。沮喪之餘，偶然也有晦氣自我安慰的

想法：「這，只賣給識貨的。」「識貨」的父母，當然有。但如何「賣」給「不識貨」的，始終是不能迴避的問題。

什麼是病？這個問題不易答。首先必須了解對於疾病的界定，並不是醫生或科學家的專利，這一點在精神醫學的領域裡，尤其明顯。五十年代，同性戀是精神病的一種，今天，同性戀並不是病。今天的同性戀行為並不是與五十年前的不一樣，而是疾病的定義是可以與當時的社會文化與價值觀掛鈎，社會上被視為異象的，容易被當作成疾病處理。所以，除了醫學觀點外，疾病的定義可能要從更漫長寬闊的哲學、社會學、人類學、文化傳統，甚至政治經濟的角度去考慮，或者可以這樣說，醫學從來不是孤立在其他學科和社會發展之外。無疑，在每個學說的領域上，對疾病的定義都有一套，甚至幾套言之成理的論述。但是普遍化、概念化的學說，往往不足以解決眼前實際的問題。臨床上，需要解決的問題是，為什麼「坐不定」可以是一種病。

對大多數人來說，病是不正常的，但不正常可以有多種含義。三頭六臂，是不正常的，可是「坐不定」的孩子並不擁有與常人外表不同的特徵。不正常可以是指普通人沒有的徵狀，例如妄想、幻覺等，但每個孩子都有他「坐不定」的時候。如果我們將身體活動量的多少作表排列，會發現所謂「坐不定」的孩子，他們只不過是集中分布在活動量較多的一邊。遠離大部分人的平均數而分布在一邊，是不是不正常呢？身高四呎的成人，萬中無一，可以是疾病引起的。智商140，極之少見，是不是也不正常呢？但是，常見也並不代表正常，在非洲的一些地方，血液中帶

有瘧疾病菌的情況非常普遍，也不可能說普遍和常見的現象就不是病。

二 正常還是病徵？

臨床上，精神科醫生通常用以下準則去判斷「坐不定」是正常的一部分，還是一種病徵（圖 3.1）。

第一，當然是嚴重程度，父母和老師的仔細觀察，有助醫生了解和判斷。所謂嚴重程度，又必須從孩子發展水平的角度去考慮，三歲孩子能夠持續安坐的時間當然比七歲的要短，若七歲孩子只有三歲的智商，判斷的標準便需要由認知能力的水平去考慮，而非單單由年紀上著眼。

第二，是短暫還是長期的現象？長年累月「坐不定」的問題，當然令醫生更加小心處理。

第三，是單一還是眾多環境下出現「坐不定」的表現？如果只是單一環境出現的問題，醫生往往會從孩子適應處境要求的角度了解可能的困難，例如孩子只在家裡面對媽媽時才有「坐不定」的行為，了解媽媽管教孩子的方法將是非常貼切的評估之一。但如果「坐不定」是跨環境出現的問題，在學校、家、診所、遊樂場或酒樓等不同環境都有不同程度的「坐不定」表現，因環境因素導致的考慮，相應降低。

　　第四，問題行為是否對日常生活、學習、父母朋輩關係等方面構成影響。對於沒有造成任何障礙的「坐不定」投訴，醫生通常視之為正常的一部分。

　　最後，也是相對主觀的判斷，就是照顧者對問題行為的焦慮和感受到的壓力。「坐不定」的投訴，當然是建基於父母或老師日常的觀察之上，但投訴與否，與每個人的經驗、容忍度和期望有關。然而，儘管投訴在某程度上帶有主觀成分，父母因照顧孩子所感受到的壓力和情緒反應，除影響父母的心理狀況外，亦可倒過來降低父母照顧孩子的能力，對孩子的健康成長構成不必要的障礙。

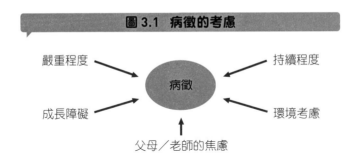

圖 3.1　病徵的考慮

　　有「坐不定」的病徵，並不等同有過度活躍症，嚴重和明顯的「坐不定」行為，可以在不同病症上出現。極度緊張焦慮的孩子，可以看來是神不守舍、坐立不安。患有狂躁症（mania）的年輕人，也是沒法坐定。因羊癎症（epilepsy）而服用抗抽筋藥（anticonvulsant）的孩子，也可以因藥物的副作用而看似「坐不定」。另外，一些較少見的身體疾病而令腦部神經受損，或者是甲狀腺功能亢進（hyperthyroidism）等，也可以令孩子有「坐不定」的徵狀。

≡ 三十年的研究

「坐不定」不一定就是過度活躍症，但倒轉來說，患有過度活躍症的孩子，是不是就會「坐不定」呢？

客觀量度身體活動量的方法很多，其中一種，是叫 actometer 的儀器，簡單來說，actometer 有點似自動上鏈的機械腕表，通常戴在不常用的左手或左腳上，當身體移動時，actometer 就像腕表一樣，不過它並不是上鏈，而是紀錄身體的活動量，紀錄的讀數越高，身體的活動量越多。

1983 年，美國國立精神健康學院的 Linda Porrino 與她的同僚，將一種類似 actometer 的電腦儀器，縛在孩子的腰上足足一個星期，發現患有過度活躍症（三十多年前的準確稱號應該是注意力不足症有過度活躍病徵，ADDH）比同年紀就讀於相同課室正常的孩子，身體的活動量明顯地高，不僅是總的活動量要高，而是在不同時段（有一日二十四小時的紀錄）、不同環境（戶內或戶外）、不同情況下（包括閱讀、上課、體育堂、看電視、進餐等），過度活躍症的孩子的活動量也是偏高，而最有趣的是，過度活躍症孩子在睡眠的時候，他們的身體活動量讀數，也要比正常的孩子為高。這研究結果充分證明，「坐不定」在過度活躍症來說，並不是一時一地、某種環境下的產物，偏高的身體活動量，也不可以簡單解釋為不專注、學習困難或一時衝動衍生出來的適應問題。睡覺時活動量偏高，不容易解釋成學習環境、方法的問題，也與父母管教扯不上關係。

Porrino 的經典研究之後，身體活動量的研究設計主要是量度在同一環境下，如做智商測驗，比較有過度活躍症與正常或者非過度活躍症而有其他行為問題的孩子的活動量，研究結果大都發現前者的活動量較高。總的而言，除了注意力不足型的過度活躍症外，「坐不定」是過度活躍症的基本特徵。

翻閱美國精神學會對過度活躍症的界定，會發現「坐不定」只是眾多病徵中的其中之一，亦即是說，對過度活躍症的斷症，並非單單憑「坐不定」一個病徵，而是要與一系列相關的行為徵狀（見上一章 DSM-IV 十八個病徵的描述）一起出現。找出這些相關行為特徵是七、八十年代的研究成果。最典型的研究方法是將面談、問卷或觀察所得的各種行為情緒資料進行統計學上的因子分析（factor analysis）。

美國加州大學的 Stephen Hinshaw 在 1987 年回顧了由 1970 年開始刊登的因子分析研究報告，在短短十五、六年間，竟然有六十篇用相似方法探討同一個問題的研究報告，可以想像研究氣氛的熱烈。結論是類似過度活躍的行為特徵總是一起出現，統計學上，這些相關的特徵聚在一起構成了一個因子（factor），而品行失調（conduct disorder）的特徵如暴力行為、打架、偷竊、破壞等，是另一個常見的因子。情緒問題如焦慮、害羞、緊張、退縮也是另一個常見的因子。因子之間並非完全獨立，但因子的組成，說明了這些行為特徵並非隨機抽樣偶然發生，每個因子內的行為特徵是有非常密切的關係，並經常一併出現。

　　過度活躍的特徵一起出現，當然並不等於這就是病，但可以進一步說明，只有「坐不定」一個問題而沒有其他相關的徵狀，不足以構成過度活躍症診斷的基礎。更重要的研究發現是，有過度活躍病徵的孩子，相比正常或者只有品行失調而沒有過度活躍病徵的孩子，前者有以下的特徵：較高百分比的語言發展遲緩和手眼協調困難、較多的顯示腦部發展不成熟的腦神經特徵（neurological soft signs）、較低的智商、較差的學習表現和認知能力，和客觀量度出來的注意力缺陷。這說明了純粹由行為特徵界定的過度活躍症的孩子，他們行為特徵的基礎，在一系列生理、發展和認知的範疇上找到相關的支持。過度活躍症的行為特徵，在腦神經生物學上，找到了立腳點。

　　上述的因子研究以及在不同因子找到不同的特徵，在本地的研究，也有一樣的發現。在九十年代，我和我的研究團隊，在本地一個大型流行病學研究裡，利用相似的工具與數據分析，也找到了幾乎一模一樣的結果，印證了在不同文化體系下，兒童過度活躍行為的特徵有別於不聽話、頑皮和其他情緒問題。

　　八十年代中後期，英國倫敦國王學院的 Eric Taylor 和他的同僚，相繼發表一系列的研究報告，對如何界定過度活躍症，有劃時代的貢獻。Eric Taylor 將不同行為問題的兒童用統計學上的叢集分析（cluster analysis，亦即將有相似特徵的個案經數據分析集成一組）分成三組，然後進行藥物上的雙盲交叉組對照試驗（double-blind placebo-controlled crossover trial），亦即是說，醫生、父母和老師都在不知道孩子在服用藥物（這裡用的是利他

林（Ritalin）或安慰劑（placebo）的情況下評估孩子的表現。
三星期後，服用利他林的孩子會轉服安慰劑再作雙盲的評估。同
樣地，開始時服用安慰劑的孩子會轉服利他林，然後由父母、醫
生和老師在不知情下作行為上的評估。研究發現有過度活躍症特
徵的那一組孩子，在服用利他林或安慰劑的時期，過度活躍行為
有明顯的分別，大概八成過度活躍組別的孩子，服用利他林後有
明顯的進步。而沒有過度活躍特徵的其他兩組孩子，服用利他林
或安慰劑，對他們的行為並沒有明顯影響。過度活躍症孩子對藥
物有特定明確的反應，而其他行為問題的孩子卻沒有，從另一個
角度印證了過度活躍症，是有別於其他的行為問題，自成一系。
藥物可以糾正的行為特徵，進一步揭示過度活躍症的可能生理基
礎。

四 非一般的腦袋結構

對大部分身體疾病來說，診斷病症的標準，往往是找出病因
或確定因病理而衍生出的一些生物指標（biological marker），例
如細菌培植找到感染的細菌，細胞切片找到癌變的證據，或者在
血液分析中找到高濃度某種癌細胞分泌的不正常蛋白等。可是，
大部分精神病診斷的標準仍是臨床病徵的核實，而非實驗室某種
化驗測試的結果。過度活躍症也不例外。

在過去二十年，科學家對研究腦部功能和結構的影像學方
面，有長足的發展，應用在過度活躍症上，也得到了初步的成

果。在上世紀九十年代之前，已經有好幾個對過度活躍症腦部電腦掃描（computed tomography, CT）的報告，可是由於解像度（resolution）較低，結果並不可靠。由於電腦掃描有 X 光輻射的危險，應用在兒童身上作為研究使用，在醫學道德上並不可取，這方面的研究很快就終結了。

九十年代初期開始有對過度活躍症的磁力共振（magnetic resonance imaging, MRI）的研究。早期的研究仍需倚賴人手判斷影像的範圍，難免有所誤差，研究結果經常未能重複確定。九十年代後期，隨著對影像電腦化量度方法的普及及影像的解像度提升，研究成果也開始比較一致。

2002 年，美國國立精神健康學院的 Xavier Castellanos 量度了一百五十二個過度活躍症孩子的腦袋體積，跟一百三十九個同年齡、性別的正常孩子比較，發現前者的腦袋比後者細大概 3%，腦袋較細位置以腦前額葉（prefrontal lobe），紋狀體（striatum）尤其是蒼白球（globus pallidus）和尾狀核（caudate nucleus），小腦（cerebellum）尤其是小腦蚓部（cerebellar vermis）最為明顯。Castellanos 的論文，至今仍然是最大型的過度活躍症腦部顯影的研究，其後十多年，有不少相似的研究，得出一樣的結論。

2007 年，當年仍任職於香港大學的 Grainne McAlonan 利用磁力共振量度了二十八個在瑪麗醫院求診的華裔過度活躍症孩子的腦袋體積，與正常孩子比較，得出與 Castellanos 相似的發現，

連帶大腦頂葉（parietal lobe）的體積也相對較細。在不同種族、不同環境、不同教養長大的過度活躍症孩子，有著相同的腦袋異常（圖3.2）。

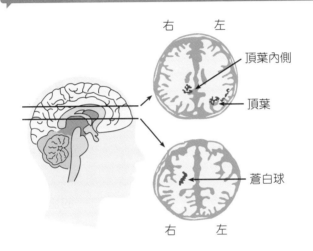

圖 3.2　大腦切片圖顯示過度活躍症孩子腦袋體積減少的位置

右　左

頂葉內側

頂葉

蒼白球

右　左

　　大腦額葉，尤其是前額葉，是我們思想的中心，有統籌各種思想的能力，在過度活躍症的範圍上，有負責管理專注力的功能。

　　紋狀體是腦皮層下連結腦袋很多不同部分的核心，它包括了底狀核（basal ganglia）、尾狀核和蒼白球。在過度活躍症的範圍上，紋狀體與額葉不同的位置聯繫起來，負責計劃行動、學習與專注力的執行功能。

　　除了腦袋體積的大小外，美國國立精神健康學院的Philip
Shaw對過度活躍症孩子大腦皮層的厚薄，作了一系列的研究。
論文在近十年間相繼發表，簡單來說，大腦皮層會在八歲左右
開始減薄，這是正常的生理發展，但過度活躍症孩子的大腦皮
層減薄要差不多在十歲才開始，比正常孩子的發展慢了足足兩
年。皮層厚薄發展滯後，並不是平均分布於整個大腦，而是集
中在大腦前額葉、枕葉（occipital lobe）和頂葉的皮層（圖
3.3）。

圖 3.3　過度活躍症大腦皮層發展緩慢分布示意圖

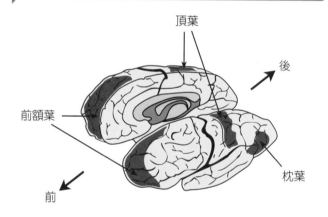

頂葉

後

前額葉

枕葉

前

　　Philip Shaw的研究團隊還發現，過度活躍症病徵越是明顯、
嚴重和持續，大腦皮層成熟的遲緩越是厲害，相反病徵越少，過
度活躍症孩子的大腦皮層厚薄，越是與正常腦袋相似。病徵嚴重
程度與皮層厚薄的關係在前額葉的位置尤其明顯。

　　總括而言，磁力共振的結構顯影研究，顯示了腦袋有特定的位置負責控制和調節專注力，這線路由額葉、前額葉到紋狀體的蒼白球和尾狀核，科學家相信，小腦蚓部有操控額葉到紋狀體線路的功能（圖3.4）。這些負責專注力的腦袋組織體積縮小，它們的功能也會減弱，而皮層厚薄的發展滯後，也令過度活躍症孩子專注力的發展比同年紀小朋友落後。

圖 3.4　與過度活躍症有關的腦部位置圖

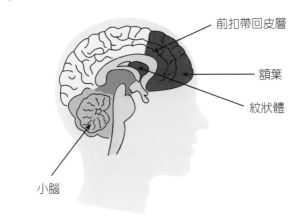

前扣帶回皮層

額葉

紋狀體

小腦

五 非一般的腦袋功能

　　過度活躍症腦袋的結構異常，也反映到腦袋功能上。隨著磁力共振功能顯影技術的成熟及完善化，科學家找到了一個可以顯示腦袋不同線路活躍程度的方法。簡單來說，腦神經細胞並不儲存自己所需的能量（葡萄糖和氧氣），而是倚靠周邊的血液提供，

腦神經細胞工作的時候，附近的血液流動就會增多，由於帶氧與缺氧的紅血球的比率不同，血液中紅血球的氧化比率可以釋出不同強弱的磁化訊號，從而得知能量的消耗值，當腦袋特定的位置正執行其功能的時候，能量消耗就會增加，在功能顯影上，就會發現該位置變得活躍起來。

當正常孩子需要做一些指定的專注工作時，大腦的特定位置（即是上述由額葉到紋狀體的線路）在功能磁力共振的顯影裡，會變得活躍起來，證明了腦袋這些線路有負責專注力的功能。

過度活躍症孩子做同一樣的實驗時，研究人員發現，他們負責專注力的腦袋線路，並沒有如預期中變得活躍起來，他們專注力的表現，也比正常孩子為差（圖3.5）。

圖3.5　在專注力測試中，正常孩子比過度活躍症孩子腦袋明顯活躍位置示意圖

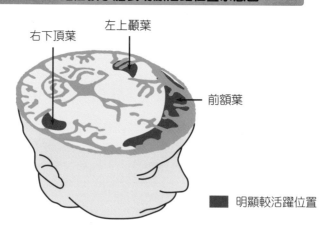

右下頂葉　　左上顳葉

前額葉

■ 明顯較活躍位置

　　換言之，在需要專心的時候，腦袋相關的線路，在正常孩子中會自然起動，令孩子可以專心。但在過度活躍症孩子中，相關線路卻有「死火」的現象，孩子不能集中，也做不到需要專注的工作。

　　磁力共振功能顯影研究，揭示了過度活躍症孩子的腦袋功能與正常孩子並不一樣，另一重大發現是，腦袋裡不同的線路是負責不同範疇的專注力，專注力並非單一板塊，是包含很多不同能力的綜合體（見第四章《專心玩遊戲機就沒有病？》），負責維持專注力的、抑制反應的，與轉變專注力的線路各有不同，在不同專注力的測試下，過度活躍症腦袋就各有不同的線路「死火」！更有趣的是，用來醫治過度活躍症的刺激劑，在磁力共振功能顯影的研究裡，竟然有將「死火」的專注力線路起動的能力，線路功能變得正常，也使專注力回復正常（見第十二章《藥療篇》）。

　　磁力共振功能顯影的故事並不止於此。除上述在不同專注力測試下的功能顯影外，近十年，還有休息狀態下的功能顯影（resting state functional magnetic resonance imaging, rf-MRI）。所謂休息狀態，是指不需做任何工作，沒有指定需要專心的事情，也不需想像什麼，在這漫無目的情況下，用磁力共振量度腦袋各部分的活躍程度。研究人員發現，腦袋不用工作的時候，有一個系統是同步活躍，稱之為default mode network（DMN），DMN是由前額葉內側皮層（medial prefrontal cortex），頂葉外側皮層（lateral parietal cortex）和後扣帶迴皮層（precuneus/posterior cingulate gyrus）組成（圖3.6）。

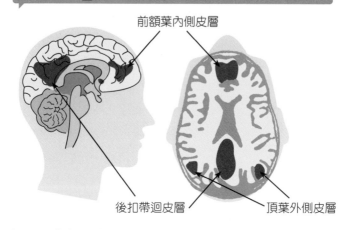

圖 3.6 Default Mode Network

前額葉內側皮層

後扣帶迴皮層　　　　頂葉外側皮層

在不要求專注情況下量度 rf-MRI，正常孩子的 DMN 是非常一致的，系統裡一部分活躍的時候，另一部分也會活躍起來，反之亦然。但在過度活躍症孩子，DMN 並不是一致的，DMN 不同部分的位置並沒有相同步伐的活躍與平靜。科學家相信，這種 DMN 並不銜接的情況，是令專注力時好時壞的原因，導致好像接收不到指示的病徵。

當不工作的時候，腦袋的 DMN 會活躍起來，轉到需要專心工作時，負責專心工作的腦袋線路會變得活躍起來，這個專心的線路會同時壓抑 DMN 的線路，令他們可以專心工作。可是，在過度活躍症孩子的腦袋，專心時需要活躍的工作線路並不能起動，同時也未能壓抑不需工作的 DMN。

rf-MRI 過去十年的研究，似乎揭示了過度活躍症孩子腦袋裡的 DMN 並不銜接，在需要專心工作的時候，DMN 仍然活躍，科

學家相信，這種異常的腦功能是造成一系列專注力不足病徵的腦生理基礎。

研究過度活躍症的腦生理基礎，是過去二十年的重大突破，在沒有磁力共振和功能顯影的年代，上述發現是無法想像的。利用各種不同科技去探索腦功能，並應用到過度活躍症上，當然並不止於此，為免技術性篇幅過長，就在這裡止步。但必須清楚指出，以上的描述只是極為粗疏籠統的撮要，科學家並未達到一致的看法。

由於孩子個別的差異（variance），以上的發現僅是分組比較上的不同，並不是說每一個過度活躍症的兒童都一定有以上的腦部問題，異常與正常的差別，也並不巨大，過度活躍症與正常孩子兩組的讀數也有重疊的地方，所以，以上的研究結果，仍未能在臨床上作斷症的應用。但在可見的將來，這方面的研究發展，將會非常蓬勃，亦極可能修正上述簡單粗糙的看法。畢竟，人類的腦袋，可能是最複雜和最難研究的器官。以今天的理解而言，過度活躍症找到可能的腦部結構和功能異常的基礎，對了解病理有非常積極的作用。

究竟過度活躍症是不是一種病？以上的醫學解釋，可能並不可以令每一位父母、老師或同工滿意。要接受身邊的人，或者至親出現病痛，往往是不愉快的經歷，對一部分疼愛孩子的父母而言，「坐不定」已是孩子成長的一部分，將一個非常熟悉的行為詮釋為病徵，也是不容易接受的過程。在芸芸「不識貨」的父母中，會不會——或多或少地——也有類似的經驗和感覺呢？

專心玩遊戲機
就沒有病？

 雯的故事

雯，十歲，四年級學生，來到我的診所，坐下不足十分鐘，就叫悶。接下來的十分鐘裡，她不停在診所裡「遊蕩」、插嘴、反駁媽媽對她的描述。好不容易哄她到活動室後，才有機會仔細聽雯媽媽說出孩子的問題。

「從幼稚園開始，老師講故事的時候，雯東張西望，茶點沒法坐下來吃完。到了一二年級，問題越來越嚴重。」

「老師說她不專心，在座位裡弄這弄那，推鉛筆、戳膠擦、彈間尺、摺書角……把她調上第一行也沒有用，她就是坐著做白日夢。每十分鐘，老師就要走到她身邊，敲敲桌子，叫她『回來』。」

「做堂課她是最慢的一個，考試試卷也做不完，經常將最後一兩頁或者最難的、要最多抄寫的問題漏空。成績永遠是最後的幾名，功課不是做不完，就是做錯。小數點點錯位置，加數變減數，英文字後加『s』，過去式、動詞加『ing』，幾乎次次錯。班主任解釋說，雯不是不懂，但總是重複地不小心，老師也提醒不了那麼多，真是沒辦法。」

「老師還投訴雯非常大意，做算術時，她懂得一加一等於二，一加二等於三，但二加二時，雯竟然說是二十二，還投訴說兩位加數好難啊……」

「在家裡，雯經常要花四五小時做功課。剛開始就說悶和難做，想也不想就說不懂、不做，每十分鐘就說倦、口渴，接著做白日夢。」

「雯有一個習慣，就是喜歡只做每樣功課的第一條問題。做完中文課本的第一題，就打開算術功課，做完第一題算術，就說悶，又轉到英文功課。如是者，一個小時後，她做了每樣功課的第一題，功課簿鋪滿桌面，但沒一項做得完。」

「雯認真集中做功課的時間不超過十分鐘。有時，差不多每寫兩個字就停下來，叫她繼續，她好像聽不到似的，叫了幾次都沒回應，再大聲叫她，她就說你兇，發脾氣。幾乎每次都要拿著雞毛掃把來嚇她，她才勉強把功課做完。」

「千辛萬苦做完的功課，她卻亂放。收拾書包時，找不到，她又會大叫：『中文簿放在哪裡？誰收起我的功課？』最後全家總動員尋找，在書桌下、床底、玩具堆裡、沙發後面找到的功課，塞進書包裡。第二天放學，功課還在書包裡，原來她又忘記了交功課！」

雯媽媽幾乎是一口氣不停地投訴，她稍頓的時候，我問：「雯有沒有專心的時候？」雯媽媽想了想，面色緩和下來：「有，看電視、玩遊戲機和有人看管她的時候，通常她都會好一點，但還要視乎當時的情況而定。」

「看電視的時候，她可以坐半小時，眼也不眨，飯也不吃，再跟你討論劇情。你不答她，她也沒完沒了地對著電視自說自話，但劇情沉悶的時候，她的手會開始把玩桌上的玩具，也會東張西望。」

「她玩遊戲機時最專心，開始玩某個遊戲後，怎叫她也沒有反應，她可以玩足一小時，做功課也沒試過這樣專心。」

「我一定要看著她做功課。曾經讓她自己做，但一個小時後她只寫了一行字。做中文作文最費神，她寫字像牽牛上樹，好辛苦寫完一句，她就望著你，等你教她寫第二句。每份作文都是我替她作的，每篇作文從不多過二百字，草草收場。做算術時相對好一點，做直式、是非題、填充、連線，她就可以快一點，好像專心一點。」

聽完了雯媽媽的投訴，請了雯進來跟我談話。雯是個戴眼鏡、面帶笑容、樣子非常討好的女孩子。她坐下來，望著我，誇張地長嘆一聲，我問她：「是不是等了很久，很悶？」雯又笑起來，露出了兩隻大門牙。話匣子打開了，雯滔滔不絕，她好像並不介意別人怎樣看她。

「對呀。別人做三題，我做一題，因為很悶啊！我也不想做。」

「老師叫我不要動，我就不動了，像這樣子。」雯指手畫腳，示範她在課室裡的坐姿。「不過，這樣子只是坐著，我也不知道自己想些什麼，也不知道自己想的是開心還是不開心的事，總之就是不知道。直到老師叫我，問我在想些什麼，我就知道要做功課。」

跟雯談話，令我想起廣東話的一句俗語——「天跌下來當被冚」。

■ 行為上的不專心

雯的問題當然不止上述的情況，但已足夠帶出本章的主題，就是在過度活躍症裡的專注力不足，究竟有什麼特徵？為什麼不專注的孩子，有時又會好像非常專注？

媽媽對雯的描述，可以說是很多父母、老師對有專注力不足的小朋友的觀察和常有的反應。經常聽到的形容詞包括做白日夢、發呆、不專心、不集中精神、分心、不知在想什麼、只有幾分鐘的專注力、做事慢、做事永遠做不完、記憶力差、笨手笨腳、亂七八糟等等。

美國精神學會在制訂過度活躍症專注力不足的特徵時，有系統地分析了父母和老師的觀察，將最能分辨有過度活躍症和正常孩子的專注力特徵，作為斷症的指標，一共九個，在第二章《由一百年前說起》裡已有描述。

臨床經驗發現，專注力不足的病徵，普遍是一起出現的。注意力短暫的孩子，往往不能長時間專注。重複、單調、持久的工作，更容易將他們注意力的缺陷暴露出來，經常未能完成指定的工作，久而久之，孩子開始對要求長時間專注的活動（尤其是功

課），覺得厭惡和抗拒。很容易分心，也經常在自己的世界裡做夢，沒有留意別人對他的說話，對細節不留心，經常有不小心的錯誤，粗心大意，做事沒有計劃和步驟，結果往往未如人意；做事時，找不到需要的工具，又忘記工作次序，更沒有時間表，看起來，給人有混亂、散漫和亂七八糟的感覺。

父母、老師對專注力缺陷的描述，並不僅僅是主觀的，也不能簡化為要求過高。臨床上或直接觀察的研究往往發現，父母投訴有專注力缺陷的孩子比沒有問題的孩子，在不同環境下有更多不專注的行為，例如東張西望、只花短時間在工作上等。

專注力不足的病徵，雖然容易明白，不難觀察，也頗為普遍，但作為研究的對象，卻有不足之處。最明顯的問題，可能是病徵過於粗疏和不容易標準化，流於印象式的形容，而沒有精細量度的準則。舉例說，在組織工作或活動時，經常遇上困難（美國精神學會過度活躍症注意力不足病徵之一），這一個行為特徵，並不容易量化，究竟要怎樣「亂籠」才算組織有困難呢？

三 不專心 ≠ 專注力短暫

籠統來說，行為上被形容為不專心的孩子，在測量的時候，應該是專注時間短、易分心和低準確度的表現，在過去三十年的研究，卻發現量度不專心的行為比我們想像中複雜得多。

科學家設計了一些用來量度長時間專注力的測試，這些測試往往「喬裝」成電腦遊戲，孩子要在電腦熒幕上留意某些訊號（譬如黃色 A 字的出現，或者現在熒幕出現的字母跟剛剛消失的字母一樣），然後作出反應（譬如按鍵盤的某個鍵）。孩子的反應時間和準確度，便是測試注意力的客觀可量度的標準。訊號出現時，有過度活躍症的孩子會東張西望，遺漏了訊號而未有按鍵，亦可以因為他們過分衝動，訊號還未出現已作出反應，他們的準確度應該比正常的孩子要低。更重要的是，過度活躍症的孩子，他們的專注時間短暫，在長時間的測試中，隨著時間的過去，他們的準確度應該逐步下降。相反，正常孩子並沒有專注力短暫的問題，他們的準確度應該是不受測試時間長短的影響。

如上述的推論正確，將兩組孩子（過度活躍症和正常）的準確度與測試時間作一圖表，應有如圖 4.1 的結果。

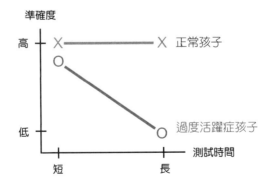

圖 4.1　專注力測試的時間與準確度

　　可惜，上述清晰和可預計的推測，在過去三十多年的研究，並未被證實。相反，有頗多數據說明過度活躍症孩子的專注力並不比正常孩子短。在長時間的測試中，大部分研究也找不到過度活躍症孩子越來越不專注的結果。

四 不專心 ≠ 容易分心

　　父母或老師說孩子不專心，差不多都包含了容易分心的意思。亦即是說，孩子在工作或玩耍時，外來的干擾如電話鈴聲或有同學經過，都容易令孩子放下剛才的工作，轉到干擾他們的人或事，而忘記了應做的事情。這種容易分心的行為，在過度活躍症中經常遇到。在一系列九個專注力不足的病徵中，DSM-V 委員認為，容易被無關事情分心，是最能分辨過度活躍症與正常孩子的病徵。可是，要在測試中量度「容易分心」，結果並非如此簡單。

　　在上述電腦化專注能力的測試中，在需要反應的訊號之間，科學家設計了一些干擾訊號，如不相關的字母或圖案，或多或少，在不同時段出現。如果過度活躍症孩子是容易分心，正確的推論是他們的準確度在有干擾訊號的測試中應該會下降。可是，很多實驗測試的結果，並不支持上述的預測。

　　又例如在標準化的算術測試中，孩子需要在一定時間內不停地計算加減數，在測試時間中加入可以分心的騷擾，例如音樂、人聲或噪音等，過度活躍症孩子，不單沒有被分心，相反，有研

究報告指出，在有騷擾的測試中，他們的表現比沒有騷擾的測試更好！

五 時好時壞的不專心

似乎，行為觀察上的不專心，並不能簡單地轉化成在實驗室裡可以具體量度的不專心表現。僅從上述的測試推論，很容易總結為過度活躍症孩子的持續專注時間和分心程度，並沒有問題，這結論卻與大部分老師、父母和醫生臨床的觀察互相矛盾。簡單來說，行為上的不專心，要倚靠父母、老師的觀察，是籠統的、印象化的，但當利用不同微觀和具體的方法反覆量度不專心行為的時候，卻發現病徵好像並不存在。

在分析和總結好幾十篇對過度活躍症孩子專注力研究的報告中，科學家發現，過度活躍症孩子在相似測試的表現，有巨大的差異，可以說是時好時壞，這些孩子在測試中的表現，並不單單受測試本身的影響（例如測試的時間長短、干擾因素的存在與否），而更重要的是測試的安排。舉例說，在測試的時候，有沒有研究人員坐在孩子身旁，有沒有設計給予獎賞，都是影響過度活躍症孩子測試表現的兩項重要因素。

過度活躍症孩子的專心表現，不單止視乎測試的設計與安排，更有趣的是在同一標準化的測試下，過度活躍症孩子的專注度是時好時壞。過去三十年最常用來量度專注力參差表現的方法

是測試時反應時間（reaction time），比如說在一個專注力測試下正常孩子的反應時間可以是 0.2 秒至 0.8 秒之間，平均是 0.5 秒（見圖 4.2）；同一測試在過度活躍症孩子上，反應時間的分布可以是 0.2 秒至 1.2 秒之間（見圖 4.3），不單止反應時間較慢，反應時間的參差度也明顯增加。

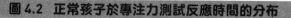

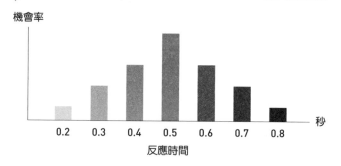

圖 4.2　正常孩子於專注力測試反應時間的分布

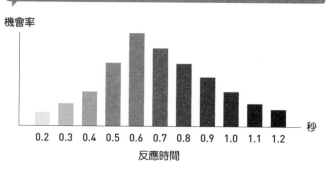

圖 4.3　過度活躍症孩子於專注力測試反應時間的分布

　　過度活躍症孩子反應時間的參差度比正常孩子為高，在一系列不同的專注力測試中經常找到，可以簡單的說，過度活躍孩子專注力的表現是一致地不一致，這種專注力飄忽的表現情況，也是臨床上過度活躍症孩子父母經常遇到的疑惑，為什麼我的孩子在一些特殊的情況下可以表現得專心一點，但大部分時間卻差得可以。

　　回顧過去二十年的研究，荷蘭學者 Joseph Sergeant 和 van der Meere 提出了 state regulation 的說法。簡單來說，過度活躍症孩子在調節、控制和評估專注力與衝動的回饋（feedback）系統上，處於一種並非理想的狀態，時好時壞，這種專注力未能跟工作與環境要求調節的現象，造成了過度活躍症孩子飄忽的表現。van der Meere 還舉了一個有趣的比喻，過度活躍症好像一部完整的引擎，但電油的供應卻出了問題，只有在各方面因素配合得宜的時候，這部引擎才可以運作暢順。

　　更有趣的是，這部時好時壞的引擎，竟然可以在藥物治療下，操作變得正常。在服用刺激劑（見第十二章《藥療篇》），過度活躍症孩子專注力參差的表現有所進步，在專注力測試下平均反應時間縮短，極慢反應時間的出現機會也減少，反應時間的分布由圖 4.3 變回了圖 4.2，反應時間的平均值與分布也變得正常了。

六 執行功能

上世紀七、八十年代對專注力的研究，經常集中在專注力持久度、專注力選擇能力和抵禦分心能力的範疇上，到九十年代，科學家認識到這些專注力的表現是由大腦額葉，尤其是前額葉控制，專注力的測試也單純由注意力開始擴闊到額葉操控與專注力相關的範疇。

1997年，美國麻省大學醫學院的 Russell Barkley 在 *Psychological Bulletin* 提出了一整套過度活躍症是由執行功能（executive function）缺陷引起的理論。所謂執行功能泛指因應環境變化和工作要求所需要的複雜認知能力，包括了設立目標、計劃行動、開始工作、持續能力、工作記憶、轉變能力與遏止衝動反應等相關的範疇，科學家更設計了一系列眾多不同量度執行功能的測試（表 4.1）。

表 4.1　常見的執行功能測試

一、維持注意、衝動（例：continuous performance test）

二、抑制反應（例：stop signal task）

三、轉換靈活性（例：Wisconsin Card sorting test）

四、衝突控制（例：stroop test）

五、組織工作（例：mazes）

六、工作記憶（例：digit span backwards）

執行功能缺陷在過度活躍症的文獻裡是一項極其流行的看法，在 Barkley 提出這個看法的十多年裡，有大量的研究證實執行功能與過度活躍症有關，其中以工作記憶能力欠佳、欠缺遏止衝動反應能力的研究尤為突出。更開始有提高執行功能能力來幫助過度活躍症的訓練計劃。

2005 年，美國心理學家 Erik Willcutt 寫了一篇很有分量的回顧論文，結論是，並不是每一個過度活躍症孩子都有執行功能的障礙，沒有執行功能障礙的孩子，也可以被診斷為過度活躍症，執行功能本身就是一個很龐雜的說法，不同的執行功能測試，得出的結果，離不開上述的結論。近年執行功能的概念開始應用到不同病症上，例如自閉症、抑鬱症（major depression）、讀寫障礙（dyslexia）等，發現執行功能的障礙並不局限於過度活躍症孩子身上，其他病症也可以有相似的障礙。

七 厭惡等待

對於過度活躍症孩子專注力測試的巨大差異、飄忽表現和視乎安排而出現不同的測試結果，科學家在設計新一代的測試中，一方面作出了非常標準化的修改，另一方面也開發不同的測試領域。其中，當時任職於英國修咸頓大學的 Sonuga-Barke 和他的同僚設計的一系列測試，頗為有趣，值得一談。

　　Sonuga-Barke 設計的測試，要求孩子在見到預設的訊號時，可以有兩種選擇，第一是即時（2秒之內）作出反應（按掣），立即得到小報酬（圖4.4）。第二是推遲反應，在30秒才作出反應（按掣），並得到大報酬（圖4.5）。在不設定時間、回合的限制下，過度活躍症孩子與正常孩子一樣，大部分都會選擇作出即時反應，取得小報酬，然後立即開始第二回合，再作即時反應，又再取得小報酬，如是者，孩子每2秒便可取得小報酬，並很快累積到他們的獎賞。

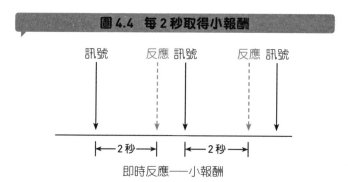

圖 4.4　每 2 秒取得小報酬

訊號　　　　　反應 訊號　　　　反應 訊號

|←—2秒—→|　　|←—2秒—→|

即時反應——小報酬

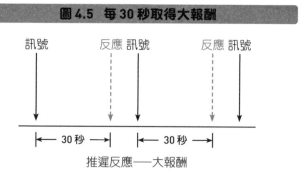

圖 4.5　每 30 秒取得大報酬

訊號　　　　　反應 訊號　　　　反應 訊號

|←— 30秒 —→|　　|←— 30秒 —→|

推遲反應——大報酬

在這測試之後，研究人員將遊戲規則轉變，如果孩子選擇即時（2秒）反應，他們可以即時得到小報酬，但要等30秒後，才可以再開始下一回合。如果孩子選擇推遲反應（30秒），他們可以得到大報酬，然後等2秒，再開始下一回合。換句話說，總的測試時間並沒有變，而每一回合的時間控制在32秒之內，即時反應是2+30秒（圖4.6），而推遲反應是30+2秒（圖4.7）。轉變遊戲規則後，過度活躍症孩子並沒有如預期般衝動地選擇即時反應，相反，他們與正常孩子一樣，可以耐心地等候，推遲反應，累積大報酬。似乎，過度活躍症的孩子，並不是沒有推遲反應、制止衝動的能力。

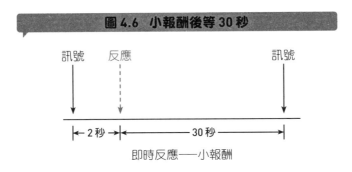

圖4.6　小報酬後等30秒

訊號　反應　　　　　　　　訊號

|← 2秒 →|←　　　30秒　　　→|

即時反應──小報酬

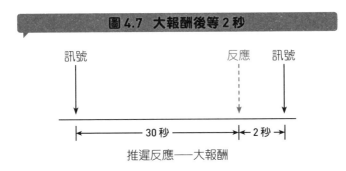

圖4.7　大報酬後等2秒

訊號　　　　　　反應　訊號

|←　　　30秒　　　→|← 2秒 →|

推遲反應──大報酬

接著來的測試，再轉變遊戲規則，總的測試時間並不再受限制，而回合則規定二十次，亦即是說，在見到預設的訊號後，孩子可以選擇：第一，作即時反應（2秒）並取得小報酬，第二回合立即開始，在二十回合後，取得二十個小報酬，並很快完成整個測試（二十個2秒的回合）。第二，作推遲反應（30秒），取得大報酬，再開始下一回合。但整個測試過程變得漫長（二十個30秒的回合），也有二十個大報酬。在這個測試規則下，過度活躍症孩子明顯傾向第一選擇，即是儘快完成測試。而正常孩子則相反，多數作出第二選擇，寧願推遲反應經歷漫長測試而取得更大報酬。似乎，在可以自我控制總的測試時間的情況下，過度活躍症孩子厭惡等候（delay aversion），他們寧願即時作出反應換取較小的報酬，也不願推遲反應來換取大報酬。

這一系列的測試證明，過度活躍症孩子，嚴格來說，並不是沒有遏止衝動的能力。在相同等待時間的規則下，他們可以和正常孩子一樣選擇等待的策略去謀取最大的回報。但是，在可以自我控制時間的規則下，過度活躍症孩子厭惡等待，寧願更快地完成測試而犧牲最大的回報。他們的表現，可以說是非不能也，實不為也。

八 專注力的複雜性

今天，科學家認識到過度活躍症的專注力缺陷並不是上世紀七、八十年代想像中的那麼簡單，也設計了好幾十項量度專注力

不同範疇的測試，在過去五、七年間，不同學者開始在同一批過度活躍症孩子身上一併量度不同理論設計出來眾多的專注力測試的表現，不同的研究得出的結論卻極為相似。

以蘇格蘭鄧迪大學的 David Coghill 於 2014 年發表的研究為例，他在八十三位從未服藥的過度活躍症孩子進行了七項專注力測試，搜集了十二項數據，利用因子分析歸納成六項不同的專注力功能，發現過度活躍症孩子最常見的專注力缺陷是厭惡等待（36%），其次是一系列執行功能的缺陷包括工作記憶問題（30%）及遏止衝動反應（23%）等，而反應時間參差的表現在 18% 過度活躍症孩子身上出現。換言之，在單項的專注力測試中，最高只有三分一過度活躍症孩子被驗出不正常，多達三分二有病的孩子測試結果正常，也並沒有一項專注力測試異常可以百分百在過度活躍症孩子身上找到。不同的過度活躍症孩子可以有不同組合的專注力缺陷。過度活躍症的文仔可以只有遏止衝動反應的缺陷，同是過度活躍症的君仔可以有工作記憶與維持注意力的問題，而也是過度活躍症的阿力卻有厭惡等待與參差反應時間的問題。不同類型的專注力缺陷同時也可以是過度活躍症的患者。

在 David Coghill 的研究裡，高達 25% 過度活躍症孩子在十二項專注力的測試數據裡完全正常！雖然研究裡測試的項目眾多，仍然未能準確捕捉這 25% 有病孩子專注力背後的特質。從另一角度來說，專注力測試正常並不等於沒有過度活躍症！

更複雜的是，同一批專注力測試異常的數據，可以在沒有過度活躍、正常的孩子身上找到。當然過度活躍症孩子專注力測試異常數據的出現機會要比正常孩子的高出很多，但高達 40% 正常孩子可以在單項的專注力測試中數據異常，專注力測試異常並不必然就是過度活躍症！

總的來說，專注力測試結果與過度活躍症並不吻合，也不能取代臨床的斷症，單項的專注力測試尤其片面，多項專注力測試嘗試捕捉專注力不同範疇的缺陷，可能比較穩妥。這種看法並不表示專注力測試沒有臨床應用的價值，相反，在了解專注力缺陷的特徵、孩子學習能力強弱的分布（尤其是並非典型或邊緣性的過度活躍症孩子身上），精神科醫生與心理學家都樂於採用專注力測試中的數據，與臨床資料一併考慮，找出診斷與治療的下一步。

九 小結

從過度活躍症孩子身上，企圖找出一套可以解釋他們不專心的論述，在今天研究來看，此路已經不通。專注力不足，不只是單一板塊，反而是很多不同組別專注能力綜合得出的結合體，不同過度活躍症孩子，可以有不同專注力障礙的組合，這些障礙，也不一定是過度活躍症獨有。

隨著磁力共振功能顯影技術的成熟（見第三章《坐不定就是病？》），過去十年，科學家發現不同的專注力是由腦袋不同的

位置與線路負責的，譬如說，腦額葉與頂葉是負責維持和選擇需要專注的事項，額葉下側與尾狀核是負責遏止衝動反應，前扣帶回皮層（anterior cingulate cortex）是有防止分心功能，腦島（insula）與額葉是負責工作需要的短期記憶，前額葉內側與專注時的工作動機有關。

一項看似簡單的專注力測試，可能反映不同專注力板塊互動的結果，背後牽涉到腦袋裡不同線路功能的正常與異常。不同專注力的測試，當然會有不同組別出現的問題。由是觀之，實驗室裡專注力的測試，並不容易與行為上的專注力畫上等號。

對專注力的探討，是研究過度活躍症的一個非常核心的課題，自七十年代開始，這方面的研究從沒有停下來，研究論文的數目，不下數百篇。以上的描述，僅僅是龐大論題下的零碎介紹，對專注力的全面探討，需要涉獵到腦神經科學、臨床心理學、實驗心理學、統計學和兒童精神科等幾門相關的學問，並非數千字可以清楚說明，更加需要在這方面著力的專家，才可以全盤了解其中的奧秘。

三十多年，在兩代研究人員和數百篇科學論文的努力下，我們不得不惋惜地總結，過度活躍症裡專注力不足的本質仍然是個謎。上世紀八十年代美國精神學會首次提出專注力不足作為過度活躍症基礎特徵的時候，可能估計不到一個在行為上容易觀察到的不專心行為，經歷了三十年的研究，仍然找不到它的所以然，更遑論它的生理基礎。在科研的領域上，對專注力或專注力不足

的本質研究，要比行為上觀察到的複雜得多，我們並不明白我們
見到的行為表徵背後的意義。

在臨床的應用上，我們需要知道專注力是一個受各種不同因
素影響的現象，工作的繁複程度、四周環境、監管方法、孩子動
機、報酬誘因、新鮮感和刺激度等等，都可以影響孩子專注的表
現。倒過來，亦可以說明為什麼在一時一地某種工作之下有專心
表現仍然可以被診斷為過度活躍症（就如本文開始時介紹雯的個
案）。

對過度活躍症專注力不足的研究，並沒有因缺乏重大的發現
而停下來，相反，在可預見的將來，將會非常蓬勃，或者會有更
關鍵的發展。科學家可以利用腦部功能影像的科技和越趨成熟的
腦電圖技術，去發掘腦袋裡主管專注力的組織和系統的運作，再
比較正常與過度活躍症孩子的分別，從而了解專注力不足由行為
到生理的基礎與聯繫。對專注力不足本質的研究，更是了解如何
由遺傳基因一步步演變成行為問題的一個重要橋樑。

一種遺傳病？

一 遺傳的疑惑

　　文仔是個典型過度活躍症的孩子，二年級時求診，半年下來，在藥物、父母管教訓練和學校配合下，文仔的行為大有改善。一次覆診的時候，文媽媽問：「文仔有個弟弟，五歲，讀中班，幼稚園老師說他跟哥哥一樣，甚至可能更差，都是坐不定，不能集中，下次可不可以帶弟弟一起來，弟弟會不會也有過度活躍症？」

　　今天，診所裡收到一封比較特別的轉介信，一封信轉介兩個病人，是孿生的兄弟，都是坐不定、不專心的問題，媽媽問，可不可以同一時間一併處理？

　　當我向輝仔父母解釋什麼是過度活躍症的時候，輝爸爸問：「我在互聯網上看到網頁說過度活躍症是遺傳的，但我和我太太都沒有這種病，他的祖父母也沒有，為什麼會是遺傳的？」輝媽媽接著問：「如果過度活躍症是遺傳的，輝仔將來的孩子會不會也有這種病？」

　　很多父母、老師對過度活躍症的遺傳基礎，充滿疑問，甚至誤解。一方面是對病症的認識較淺，以為過度活躍症只不過是「百厭」，是父母管教、老師教學的問題，「百厭」、管教和課室秩序，怎會是遺傳的？另一方面是對遺傳學的誤解，誤以為遺傳就是父或母應該有這種病，有過度活躍症基因就會有病，又或者遺傳病就是命定的，先天生成，後天無可作為。

歷史的教訓

　　上世紀的頭五十年，佛洛伊德（Sigmund Freud）的心理分析學說（psychoanalysis）大行其道，各種各樣的精神心理問題，甚至社會現象，都被歸咎於由出生到五歲這期間在成長上和教養上出現的困難，彷彿所有病因，都可在人生的頭五年裡找到答案。從今天我們對兒童成長的了解來看，傳統心理分析的看法，未免過於狹窄。

　　四十年代，美國兒童精神科始祖 Leo Kanner，率先對自閉症作有系統的描述和分析，認為自閉症的病因，跟媽媽的冷感性格、對孩子冷漠有莫大關係。差不多一整代的自閉症孩子的媽媽，受到當時信以為真的「指控」，接受了不必要的「治療」。今天，我們清楚知道，自閉症是有遺傳基礎的疾病，這並非媽媽的錯。

　　六十年代，精神科醫生相信，精神分裂症（schizophrenia，亦即現在所說的思覺失調症）是家庭裡溝通障礙所引起的，很多研究集中分析病人如何與家人溝通，舉凡含糊的說話、模稜兩可的指示、令人引咎的暗示，都被認為是導致精神錯亂的根源。今天，這種想法，不再成立。

　　回顧科學家對精神病病因的理解，不得不承認，將精神病視為遺傳病的一種，是比較新的看法。九十年代開始，對過度活躍

症的研究，最令人興奮和有趣的發現，都集中在探索病因方面，
其中，遺傳學方面的研究，非常蓬勃（圖 5.1）。

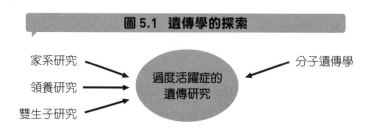

圖 5.1　遺傳學的探索

家系研究

領養研究　　　　過度活躍症的　　　分子遺傳學

雙生子研究　　　　遺傳研究

≡ 家系研究

　　臨床經驗指出，過度活躍症孩子的兄弟姊妹，不時有相似的
病徵，甚至相同的斷症。有系統的家系研究（family study），是將
有過度活躍症孩子的家庭成員和親戚，逐一作標準化的精神科疾
病的診斷，然後與正常孩子家庭成員與親戚的診斷，作兩組對照
比較。類似的研究，在文獻上頗多，但以美國哈佛大學的 Joseph
Biederman 的研究最為大型和最有系統。研究發現過度活躍症孩
子的兄弟姊妹中，每四人便有一個亦有過度活躍症，病發率是正常
孩子兄弟姊妹的四至五倍。另外，大概三分一患病孩子的父母在他
們孩童的時代亦有過度活躍症，病發率比正常孩子的父母明顯地
高。

　　這類家系研究，當然不可以證實過度活躍症是遺傳的疾病。
第一，成年人父母報告他們自己孩童時代的行為特徵作為追溯性

診斷的基礎，可靠性與真確度都有疑問。第二，過度活躍症孩子的兄弟姊妹患有相同疾病，可以是因為他們同處相同的環境引起的。如圖 5.2 所示，父母不單將自己的基因傳給下一代，也把相似的環境因素帶給子女，在類似的家系研究裡，遺傳與環境因素同時並存。在兄弟姊妹間找到較多相同的疾病，可以是遺傳，也可以是環境使然。

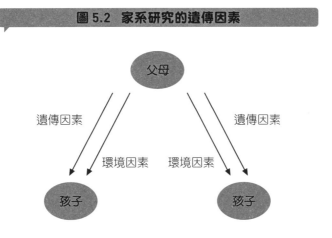

圖 5.2　家系研究的遺傳因素

父母

遺傳因素　　遺傳因素

環境因素　環境因素

孩子　　　　孩子

四　領養研究

能有效地將遺傳和環境因素分開的，莫過於領養研究（adoption study）。如圖 5.3 所示，孩子的遺傳基因當然來自他的親生父母，但因為領養關係，親生父母的環境因素並不會影響孩子。相反，領養父母與孩子並沒有血緣關係，但透過領養父母帶來的環境因素可影響孩子的行為。

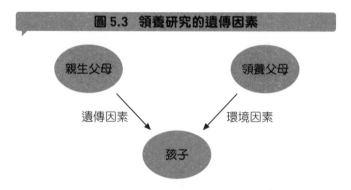

圖5.3　領養研究的遺傳因素

　　可惜，領養研究在過度活躍症的文獻，並不多見。有限的研究數據指出，過度活躍症孩子的親生父母比領養父母，有更多被診斷有過度活躍症。不單如此，在一系列專注力的測試中，過度活躍症孩子的親生父母比領養父母的表現差。

　　領養研究與家系研究有相同的局限，就是成年人父母對他們孩童時候作追溯性診斷的疑問。另外，要找到被領養孩子的親生父母作研究，也有很多實際的困難。研究不多，但數據支持親生父母與孩子有相同的過度活躍症是遺傳的影響，並不是環境因素造成。

五　雙生子研究

　　對過度活躍症的遺傳基礎提供了最豐富的數據和強力的支持，是雙生子研究（twin study），雙生即是廣東話說的孿生。從遺傳學的角度看，有兩種雙生。單卵雙生（monozygotic twins）

是由單一受精的卵子在受精初期分裂出來的雙生，遺傳學上，單卵雙生的基因是百分百相同。雙卵雙生（dizygotic twins），是兩個不同的卵子在同一時間受精的雙生，他們的遺傳基因是百分之五十相同。如圖 5.4 與圖 5.5 所示，雙生在相似的環境下成長，如果過度活躍症是有遺傳基礎，單卵雙生的其中一個有過度活躍症，另一個雙生同樣患上相同疾病的機會應該是十分之高。但在雙卵雙生的情況下，由於他們只有一半基因相同，雙生同樣有病的機會，應該比單卵雙生（基因完全相同）同樣患病的機會低。相反，如果過度活躍症是沒有遺傳基礎，雙生同時患有過度活躍症的機會，並不會跟遺傳基因相似的多少而有分別，所以單卵雙生同時有過度活躍症的機會與雙卵雙生同時有此病的機會，應該是相同的。

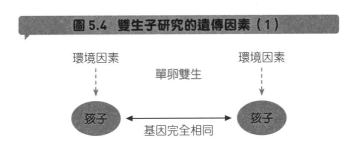

圖 5.4　雙生子研究的遺傳因素（1）

環境因素　　　　　　　　　環境因素
單卵雙生
孩子　←→　孩子
基因完全相同

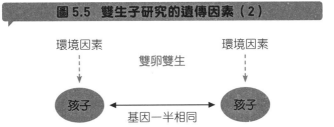

圖 5.5　雙生子研究的遺傳因素（2）

環境因素　　　　　　　　　環境因素
雙卵雙生
孩子　←→　孩子
基因一半相同

　　對過度活躍症的雙生研究，自英國倫敦國王學院的 Robert Goodman 在 1989 年發表的第一篇論文開始，就沒有停下來，到今天，在英國、美國、澳洲、挪威、荷蘭等地，不下有九個關於雙生子的註冊系列（twin registry），涉及數以萬計的雙生孩子，論文也如雨後春筍般冒出來。

　　在雙生子研究中，雙生同樣有病的機會稱為和合率（concordance rate），過度活躍症在單卵雙生的和合率是 70% 左右，在雙卵雙生的和合率大概 40%。和合率在完全相同基因的情況下比只有一半相同基因的明顯地高，說明遺傳因素在過度活躍症的重要性。

　　在統計學上，和合率並不是一個方便的數學概念。臨床上，有不少孩子只是缺少一、兩個病徵而未能斷症（美國精神學會對過度活躍症的定義是在每組九個病徵中至少有六個才可斷症，見第二章《由一百年前說起》）。在遺傳學上，這些只差一點點就是確診病症的遺傳基礎與已確診的，並沒有分別，所以，科學家在過度活躍症的遺傳研究上，更喜歡和更常用的，不是和合率，而是另一個概念——遺傳係數（heritability）。

　　遺傳係數的計算，是建基於單卵雙生與雙卵雙生在過度活躍症病徵相關（correlation）的差異。理論上，遺傳係數的數值可以由 0 到 1，數值越高，遺傳基礎越是明顯。如果遺傳係數等於 1，此病完全由遺傳引起，與環境因素毫無關係。如果遺傳係數等於 0，此病與遺傳無關。美國紐約州立大學的 Stephen Faraone

最近回顧了過去十多年過度活躍症遺傳係數的二十項研究，發現係數數值最低為 0.6 左右，最高則接近 1，平均遺傳係數為 0.76，表示此病既不是完全由遺傳引起，但也離單純環境致病的想法很遠。專注力不足病徵的遺傳係數要比過度活躍／衝動病徵的稍高一點，表示前者受遺傳影響的因素較後者為大。

與其他常見精神病的遺傳係數相比（表 5.1），過度活躍症的遺傳傾向比常見的抑鬱、焦慮等症狀較高，亦即是說，遺傳因素對過度活躍症成因的貢獻，要比很多不同的精神病為高，只有自閉症的遺傳係數要比過度活躍症為高。與一些兒童常見的身體疾病相比（例如哮喘病的遺傳係數約為 0.3 左右），過度活躍症有明顯的遺傳基礎。

表 5.1　各種精神病的遺傳係數

精神病	遺傳係數
自閉症	0.7 － 0.9
過度活躍症	0.7 － 0.8
精神分裂	0.7 － 0.8
酗酒	0.5 － 0.6
暴食症	0.4 － 0.6
恐慌症	0.4 － 0.5
濫用藥物	0.3 － 0.6
抑鬱症	0.3 － 0.4
泛焦慮症	0.3 － 0.4

　　需要清楚說明的是，遺傳係數只是一個統計學上的概念，假如遺傳係數是 0.7，並不能籠統的說成某孩子患病的成因，七成是遺傳，三成是環境，正確的解讀應該是，在當時研究的人口與環境的情況下，平均來說每個孩子病因的差異，有七成是遺傳因素。理論上，環境轉變，遺傳係數也跟著變。但回顧過去在眾多不同環境、不同時代對精神病的相似研究，遺傳係數相對穩定。換句話說，除非在某特定人口中的環境因素有劇烈的轉變，過度活躍症的遺傳基礎應是無可置疑的。

六 不止一個基因

　　1953 年 4 月 25 日，英國劍橋大學卡文迪許實驗室的 James Watson 與 Francis Crick 在權威科學雜誌《自然》（Nature）發表了不到兩頁大概九百字解釋基因構造的論文，從此揭開了現代遺傳學的發展，兩人更因此在 1962 年得到了諾貝爾醫學獎。2003 年，就在這世紀發現的五十年後，科學家宣布人類基因圖譜。半個世紀，令人目眩的快速進展，容易令人誤會，每種疾病都快將可以在人類的二十三條染色體、三萬個基因（科學家曾一度估計人類有十四萬個基因）、三十億對去氧核糖核酸（deoxyribonucleic acid, DNA）的排列中，按圖索驥般找到令人患病的基因，然後加以改造、治療。科學家有點似隔著櫥窗看見心愛糖果的孩子，興奮雀躍，然而，糖果卻是可望而不可得。

　　無疑，在過去三十年，遺傳學有不少令人興奮的進展，尤其是某種疾病基因的發現，可是大部分的發現是頗為罕見的腦科、新陳代謝或癌症的疾病，導致這些病的基因也是頗為少見的突變（mutation），有這種突變基因就會有病，有這種病的病人也會有這種突變基因，這種一個基因對一種疾病的關係，在遺傳學上，相對容易研究。可是，類似的研究設計在精神病的遺傳學上，卻碰到不少釘子。

　　打從八十年代後期開始，尋找精神病的基因研究從沒有停下來。例如狂躁抑鬱症（bipolar affective disorder，一種成人型的情緒疾病，患者在情緒兩極，非常高漲與極度低落間跳躍，病發率約少於 1%）的基因，曾經在人類二十三條染色體的第十七條裡找到！遺憾地，大部分的所謂狂躁抑鬱症基因並未能得到證實，研究發現後來也被推翻。類似的情況，在其他精神病如精神分裂症和抑鬱症等的基因研究中同樣發生。三十年的努力、數百篇的論文，我們還未找到這些精神病的致病基因。

　　尋找過度活躍症基因的研究，要比成人精神病的研究，起步較遲，走的彎路相對較少，可以說是落後的優勢。然而，基因的芳蹤仍是杳然。問題的癥結，可能在於過度活躍症，跟其他很多的精神病一樣，頗為複雜，不只單一基因引起，而是好幾個，或者更多基因引起的疾病。

　　如圖 5.6 與圖 5.7 所示，單基因引致的疾病，通常都是較為罕見的疾病。而過度活躍症則是較為常見的疾病，背後卻不只是一個基因。

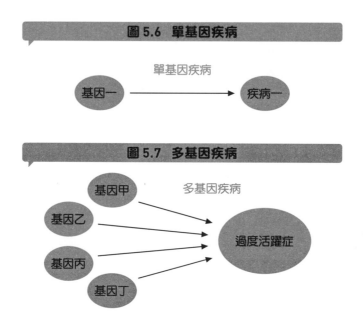

圖 5.6　單基因疾病

單基因疾病

基因一 ⟶ 疾病一

圖 5.7　多基因疾病

多基因疾病

基因甲
基因乙
基因丙
基因丁

過度活躍症

　　多基因疾病的特色是，每個基因都只是提高患病的機會，當好幾個不同的致病基因走在一起時，超越了病的臨界線（threshold），過度活躍症便會出現。理論上，假設患上過度活躍症的可能性在普通小孩的人口分布如圖 5.8 所示，大部分孩子都沒有問題，只有約 5% 的孩子有好幾個致病的基因而超越了病的臨界線。如果父親或母親有過度活躍症，他們可能將致病的基因傳給下一代的機會當然比沒有患病的父母為高，孩子患上過度活躍症可能性的分布，如圖 5.8 所示，會整體向右移，超越臨界

線。患病的孩子的百分比將會明顯增多，大概由 5% 的機會增加至
30%，亦即是患病機會增加五倍。但需要留意的是，在這些高危
的小孩中，仍有 70% 是在臨界線之下，亦即是大部分本身有過度
活躍症父母所生的孩子是沒有患上過度活躍症。

　　簡單來說，由於過度活躍症是多基因疾病，父或母患有過度
活躍症，他們的孩子患病的機會會比普通小孩高出五倍，但不患
病的機會仍高達 70%。倒轉過來，孩子患上過度活躍症，他的遺
傳基因，一半來自父親，一半來自母親，由於過度活躍症是多基
因疾病，孩子的父母同樣患病的機會要比正常孩子的父母為高，
但不患病的可能性仍比患病的要高。

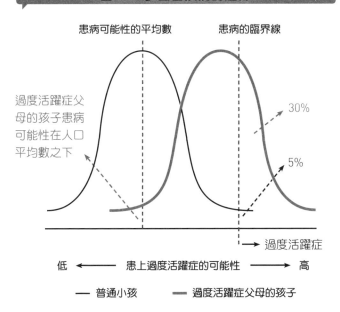

圖5.8　多基因疾病的遺傳

患病可能性的平均數　　　　患病的臨界線

過度活躍症父
母的孩子患病
可能性在人口
平均數之下

30%

5%

過度活躍症

低 ←──── 患上過度活躍症的可能性 ────→ 高

── 普通小孩　　── 過度活躍症父母的孩子

希望以上的解釋，可以解答父母經常的疑問：「如果過度活躍症是遺傳病，孩子有病，為什麼我們父母都沒有？」

七 尋找過度活躍症的基因

一些罕見的兒科遺傳疾病，遇上過度活躍症的機會偏高，表5.2列舉了這些遺傳病的名稱、病發率、遺傳基礎、智商與過度活躍症的百分比。高達 60% 患有這些兒科遺傳病的孩子同時亦患上過度活躍症，這些遺傳病的病理基礎各有不同，有些是多了或少了一整條染色體，或者是不同染色體其中一段基因重複或刪除。科學家希望研究不同兒科遺傳病病理導致偏高過度活躍症病發率來了解後者的遺傳基礎。可是這類研究大部分仍停在概念上的探討。

大部分這些兒科遺傳病的患者同時亦有不同程度的智障，而智障亦是過度活躍症的高危因素，智商越低患上過度活躍症機會越高，智商 60 以下，過度活躍症的病發率是正常智商的九倍！無論是智商的問題還是其他遺傳病的影響，這些都是非常罕見的疾病，絕大部分過度活躍症的孩子都沒有上述的遺傳病。除非家族有成員患上這些罕見的疾病或臨床上找到相關的特徵，評估過度活躍症並不需要進一步的遺傳基因檢測。

1995 年芝加哥大學的 Edwin Cook 在 *The American Journal of Human Genetics* 期刊發表了第一篇過度活躍症的候選基因研究，

表 5.2　兒科遺傳病與過度活躍症

遺傳病	病發率	遺傳基礎	智商	過度活躍症的百分比
唐氏綜合症 Down Syndrome	1-2/1000	21 號染色體多了一條	一半中度智障	6-44%
透納氏綜合症 Turner Syndrome	1/2000	X 染色體缺失	大部分正常	10-20%
X 染色體易裂症 Fragile X Syndrome	1/5000	X 染色體 FMR1 基因突變	大部分男性中度智障，女性影響較少	50%
天使人綜合症 Angelman Syndrome	1/15000	來自母親 15 號染色體部分欠缺	大部分嚴重智障	50%
威廉氏綜合症 Williams Syndrome	1/10000	7 號染色體基因部分缺失	部分輕度智障	50%

發現製造多巴胺運輸蛋白基因（dopamine transporter gene）的一種突變在過度活躍症孩子明顯增多，可能是致病的基因。

　　所謂候選基因（candidate gene）是指在已知的病理基礎上，尋找一些相信與疾病有關的基因，如果這候選基因在患者出現要比正常的為高（case-control design），這個候選基因便可能是致病基因。由於過度活躍症是與多巴胺（dopamine）有關，用來治療過度活躍症的利他林（見第十二章《藥療篇》）有提高多巴

胺的作用，順理成章，尋找過度活躍症的基因就由多巴胺有關的
基因開始。

由 1995 年到今天這二十三年裡，根據不完全的統計，超過
三百篇論文曾經證實差不多一百八十項候選基因與過度活躍症有
關！籠統來說，與多巴胺有關的基因有九項，血清素（serotonin）
有關的基因有十九項，去甲腎上腺素（noradrenaline）有關的基因
有十四項，調控其他腦遞質的基因有十六項，另有十項是腦細胞增
生有關的基因⋯⋯

表 5.3 撮要了曾重複驗證可能與過度活躍症有關的候選基因。

表 5.3　與過度活躍症有關的候選基因

基因名稱	基因位置	作用
SLC6A3	5p15.33 （第 5 號染色體 p 臂中的 15 號帶 33 號子帶）	製造將多巴胺從突觸回收的運輸蛋白（DAT）
DRD4	11p15.5	製造多巴胺受體 D4
DRD5	4p16.1	製造多巴胺受體 D5
SLC6A4	17q11.2	製造將血清素從突觸回收的運輸蛋白（5HTTLPR）
HTR1B	6q14.1	製造血清素受體（5HT-1B）
SNAP25	20p12.2	製造神經末端囊泡的蛋白
SLC9A9	3q24	製造可以交換鈉與氫離子體的細胞表層蛋白

基因名稱	基因位置	作用
LPN3	4q13.1	製造可以訊息傳送與細胞黏合的細胞表層蛋白
GIT1	17q11.2	製造可以影響神經末端成形的酵素
NOS1	12q24.22	製造一氧化氮的酵素，是腦遞質的一種

我們不妨由最常研究的候選基因開始，理解尋找過度活躍症基因的複雜性。DRD4，dopamine receptor D4，是多巴胺五種受體中的第四種，腦細胞分泌多巴胺要與這些受體結合才可產生應有的生理作用，DRD4 基因就是負責製造 DRD4 蛋白的基因，位於第 11 號染色體 p 臂 15 號帶 5 號子帶，基因在可製造蛋白的第三段外顯子（exon 3）中有一段四十八對鹼基（遺傳訊息化學結構的編碼）變化，這四十八對鹼基可以重複二至十一次，科學家發現這四十八對鹼基重複七次（48-base pair 7 repeats）與過度活躍症有關（圖 5.9）。

DRD4 exon 3 48-bp 7R 不單在過度活躍症孩子中經常找到，基因製造出來的受體蛋白，對多巴胺的刺激反應偏低，7R 也與孩子的認知能力、專注力和額葉腦皮層的厚薄（見第四章《專心玩遊戲機就沒有病？》）拉上關係，在不少回顧論文中，DRD4 基因是眾多候選基因中廣受注目，被認定是可以致病的基因。

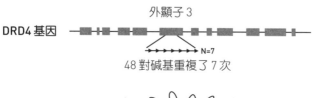

圖 5.9　DRD4 基因與 DRD4 受體蛋白

外顯子 3

DRD4 基因

N=7

48 對鹼基重複了 7 次

細胞表皮

DRD4 受體蛋白

48 對鹼基製造的蛋白重複了 7 次

　　可是 DRD4 基因的說法並非沒有漏洞，基因並非在每一項研究中得到證實，在多達六十多篇論文中，只有四十篇支持，還有接近二十篇論文找不到相關的證據。更有趣的是，DRD4 7R 在歐洲人中常見，在中國人中非常罕見，我們以往在本地過度活躍症孩子的研究裡，根本找不到 7R，相反我們找到了 2R（亦即是 DRD4 基因可製造蛋白第三段外顯子中四十八對鹼基重複了兩次，不是七次）可能與過度活躍症有關。研究似乎揭示同一疾病在不同種族，可以有不同的致病基因。然而在人類基因進化的過程中 2R 又可以演變出 7R 的變種。2R 還是 7R 是本地過度活躍症孩子的致病基因，並沒有清晰的結論。

　　而外國的文獻指出，大概 29% 的過度活躍症孩子和 12% 的正常孩子有 DRD4 7R 基因，亦即是說超過三分二的過度活躍症孩子，並沒有此基因，他們病發的原因與此基因無關，另外小部分正常孩子也有這個基因但沒有病，有 DRD4 7R 基因也不代表有病。

回顧過去四十多篇 DRD4 7R 的研究中，科學家統計出有 DRD4 7R 基因的孩子，他們患上過度活躍症的機會是沒有 7R 孩子的 1.27 倍，數據說明，DRD4 7R 與過度活躍症有關，但病發率只是輕微提升了大概四分一左右。

曾經與 DRD4 7R 基因掛鈎的疾病也不止於過度活躍症，還包括精神分裂症、酗酒、喜好尋求新奇的性格特徵、濫用藥物、自閉症和創傷後壓力症等。此基因並非過度活躍症的特定基因。

以上關於 DRD4 7R 基因與過度活躍症關係的描述，差不多全部都可應用到表 5.3 列出的候選基因身上。總的來說，這些候選基因可以輕微提升患上過度活躍症的機會，但是並不足以致病，亦並非是必須和特定的致病基因，也只能解釋一小部分過度活躍症的遺傳基礎。

八 解釋不了的遺傳係數

候選基因在過去二十多年的研究中，證實了單一基因的突變根本不可能解釋一個複雜而常見但高度遺傳的過度活躍症，科學家相信還有大量未知而常見的基因突變可以解釋這個常見的疾病（common disease-common variant）。

隨著基因分析技術的長足發展，2005 年權威的 *Science* 期刊報道了第一篇利用全基因組關聯分析（Genome-wide association study, GWAS）來尋找視網膜黃斑病變的基因，GWAS 提供了研究多基因複雜疾病遺傳基礎的鑰匙。

在人類基因圖譜的研究裡，科學家將人的遺傳密碼DNA排列出來，發現在圖譜的不同位置，經常有單個核苷酸的改變，造成了人與人之間的差異，這些單核苷酸的多樣性（single nucleotide polymorphism, SNP）多達幾百萬個，不平均地分布於二十三條染色體之中，大部分並不影響基因的功能，也不改變基因製造出來的蛋白，但由於數目龐大，這些SNP可以是基因圖譜的路標，找到了路標，就可以知道在染色體的位置和與它鄰近的基因。

全基因組關聯分析就是將病者與正常人的SNP作出比較，找出哪裡的SNP變化多在病者出現，由於SNP與其鄰近的基因會一併遺傳，找到了SNP，就找到了這個病可能的遺傳基因（圖5.10）。

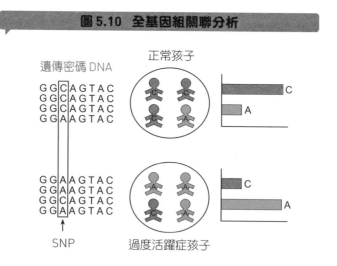

圖5.10　全基因組關聯分析

候選基因研究，需要預先假設致病基因，往往局限了可以找到常見複雜疾病背後基因的發現。現在 GWAS 的研究打開了尋找整個基因圖譜上許多尚未為人所知的基因與疾病的關係，正正適合找出複雜病症背後的眾多致病基因。過去十年 GWAS 研究應用到不少常見的複雜疾病上，如冠心病、高血壓、糖尿病、癡肥、膽固醇過高和精神分裂症等，找出了與病相關的 SNP 和一些與它們關聯可能致病的基因。

從 2008 年第一篇過度活躍症的 GWAS 研究論文開始，到今天 GWAS 研究共有七項，六項是兒童過度活躍症，一項是成人過度活躍症，七項研究清一色找不到與過度活躍症相關的 SNP。連以往被證實與過度活躍症有關的候選基因（見表 5.3）在七項 GWAS 研究裡，這些基因附近的 SNP 也未在預期中出現，側面證實了這些候選基因的致病能力偏低，需要很大型的研究，過萬個患者才能找出相關的 SNP，現在的研究停留在數百個研究對象，顯然並不足夠。

GWAS 在過度活躍症中，並沒有如預期中找到未曾發現的基因，在其他疾病的研究裡，發現的結果也只能解釋該病的很小部分，令科學家不禁懷疑 common disease-common variant 的想法是否有錯，他們提出了 common disease-rare variant 的看法，亦即是常見病症的遺傳基礎，是由罕見的異變引起，由於病症常見，需要有很多個罕見基因的突變在不同的病者中發生，又由於這些罕見基因突變致病率偏高，研究這些基因，也比較容易找到由基因到疾病的病理和治療方法。

Common disease-rare variant 研究，在不同疾病中已經開展，在高血壓的研究上，發現了全新的基因與致病基礎，啟發了新一代降血壓藥的研究。在過度活躍症的範疇上，則剛剛起步，初步研究找到了一些罕見染色體的重複和刪除可以顯著提高過度活躍症的病發機會。

今天，我們清楚知道過度活躍症是有明顯遺傳基礎的疾病，這個常見而又複雜的疾病，並不可能是由一個基因引起，對一些患者來說，他們患病的遺傳基礎是很多個常見但輕微提高患病機會的基因組合，對另一些患者來說，少數罕見基因異變便足以致病。

1877 年俄國大文豪托爾斯泰在他的名著《安娜・卡列尼娜》裡就婚姻和家庭有這樣的開場白：「幸福的家庭都是相似的，不幸的家庭各有各的不幸。」在過度活躍症的遺傳上，我們可以有類似的體會：「健康的孩子都是相似的，過度活躍症孩子在遺傳基因上，各自有他不幸的地方。」

遺傳以外

一 先天還是後天

對於不接受過度活躍症是遺傳病的人來說，他們的想法，並不是全錯，事實上，在過去二十年，也有好幾項對環境因素導致過度活躍症的研究，但是，對環境因素致病最強而有力的支持，卻是來自遺傳學的研究。其中，概念上的發展，非常有趣，也揭示了遺傳與環境互動的複雜性，對於孩子成長過程裡的所謂先天及後天因素的影響，頗有啟發性，值得一談。

首先，如上文所說，過度活躍症的單卵雙生和合率是 0.7 左右，換言之，在百分之百基因相同的情況下，仍有部分雙生只是其中一個患病，另一個安然無恙，說明遺傳因素只是其中一個病因，而非全部。類似的單卵雙生不和合（discordant）的情況，在很多已經被證實有遺傳基礎的精神病裡，都可以找到，說明精神病的病因，遺傳因素固然重要，但並非遺傳就可解釋一切。然而，更有趣的是，這些不和合雙生遺傳給下一代的是什麼？試舉精神分裂症為例，單卵雙生的和合率是百分之四、五十左右，雙生之一患上精神分裂症，他們下一代同樣患上此病的機會，與基因完全一樣但沒有患病的另一個雙生的下一代，差不多相同。亦即是說，雙生之所以不和合，一個患病，一個正常，是因為正常那一個雙生的致病基因，由於某種環境因素而沒有顯現表達出來；可是，這些可以致病的基因，照樣傳給下一代，令他們的病發率，與另一個患病雙生的下一代，一樣地高。

其次，上一章用遺傳係數的高低來說明過度活躍症的遺傳基礎，遺傳係數越高，遺傳的基礎越強，但並不表示環境因素不重要。舉例說，身高是最高遺傳係數的生理現象之一，達到 0.9，說明了人的身高在特定的環境下，大部分由基因所控制。但是過去一百年的數據也清楚指出，隨著營養越來越好，身高也一代比一代高，證明了一個後天環境的因素可以在遺傳非常明顯的生理現象中有跨越年代的巨大影響。

在複雜的生理、心理和常見疾病的遺傳機制，傳遞到下一代的，往往只是某種傾向，或更高的患病機會，而不是命定發生的現象，患病的機會，也不是一成不變。而其中最有趣的現象是智商（intelligence quotient, IQ），智商的遺傳係數是隨著年紀增長而增加，到了晚年，智商的遺傳係數增加到 0.8 左右。這個現象的其中一種解釋是，智商的基因，影響的不只是腦部發展，還會影響環境，年紀越大，經基因而影響的環境越強，環境因素變得越來越相似，令智商也越相近。

孕婦吸煙可以令孩子過度活躍？

環境因素導致孩子患上過度活躍症的研究中，數據最豐富的莫如孕婦吸煙，早在 2003 年，有分量的回顧論文總結出超過二十項研究，證實婦女懷孕時期吸煙，孩子長大後患上過度活躍症的機會，是沒吸煙孕婦的 2 至 4 倍。吸煙越多，患上此病機會越

高。以瑞典的數據為例，相比沒吸煙的孕婦，每天吸十枝煙以下的孕婦，孩子患有過度活躍症機會是 2.1 倍，每天吸十枝煙以上的孕婦，孩子患病的機會差不多是 3 倍。

不少這方面的研究，是由婦女懷孕時期開始，在產前的身體檢查收集她們吸煙的數據，在七年、十二年後評估她們長大了的孩子是否有過度活躍症，這類前瞻性的跟進研究（prospective follow-up study），避免了母親在得悉孩子患上過度活躍症後，回想十年前懷孕時期有否吸煙的記憶偏差的可能（recall bias），研究方法可謂嚴謹。近十年，更開始有懷孕時期吸煙（一項環境因素）開啟了過度活躍症基因（譬如說 DRD4 7R，見第五章《一種遺傳病？》）導致孩子患上過度活躍症的說法（gene x environment effect）。

懷孕時期吸煙，令胎兒腦袋發育受損，增加了在遺傳上已有此傾向的孩子，在長大後患上過度活躍症的機會，這個好像有重複驗證的看法，近年卻被挑戰。問題的癥結是懷孕時期吸煙，並不是隨機偶然發生的行為，我們知道過度活躍症孩子長大後往往有吸煙習慣（見第十四章《成長篇》），吸煙的孕婦本身可以有過度活躍症的基因，她的孩子有過度活躍症是由遺傳引起，並非吸煙造成。

2009 年英國威爾斯卡迪夫大學的 Anita Thapar 提出了一個非常有創意的研究方法。她搜集了英美各地二十個人工受孕診所的八百一十五位孕婦的資料，其中二百三十一位孕婦的卵子或已受

精的胚胎並非來自她們的身體，換言之她們誕下的孩子遺傳基因上與她們並沒有關係，另外五百八十四位孕婦孩子的卵子是來自她們本身的，所以遺傳上孩子與她有一半基因相同（另一半當然來自孩子的父親），兩組孕婦各自有部分是懷孕時期吸煙，孩子長大後，再評估他們是否有專注力不足和過度活躍病徵，假如過度活躍症是由懷孕時期吸煙引起，有吸煙的孕婦，無論孩子與母親的基因是否有關，她們孩子患上此病的機會都應該一律偏高，研究結果並非如此，吸煙的孕婦只在自己卵子所生的孩子（即是可能帶有過度活躍症遺傳基因）中有更多過度活躍症病徵，在遺傳上沒有關係的那一組別，懷孕吸煙誕下的孩子與沒有吸煙孕婦的孩子，過度活躍症病徵並沒有分別！懷孕吸煙似乎不是過度活躍症的元兇。

為了解答懷孕吸煙是否導致孩子患上過度活躍症，研究人員設計了採用孩子兄弟姊妹作為對照組（sibling control）的策略。兄弟姊妹各人與母親有一半基因相同，他們又是同一家庭社區環境長大，但母親並不是每一次懷孕都會吸煙，利用兄弟姊妹作為對照組，可以抵銷了基因與後天環境的影響，找出有吸煙懷孕長大的孩子是否比沒吸煙的患病機會為高。

以 2011 年發表的芬蘭研究為例，該國有完善的醫療衛生服務和紀錄，在 1987 年到 2001 年一共有 513,198 名媽媽誕下了 892,796 名孩子，將孕婦產前檢查時的吸煙記錄與孩子長大至 2006 年是否患有過度活躍症健康紀錄加以比較，發現懷孕吸煙導致孩子患上過度活躍症的機會是不吸煙孕婦孩子的 2 倍，但當與擁有相似基因、相似的後天環境長大而媽媽懷孕時沒有吸煙的兄

弟姊妹比較，懷孕時媽媽吸煙導致孩子患上過度活躍症的病發機
會只較前者高 0.2 倍，統計學上吸煙與不吸煙兩組並沒有分別。

一項看似紮實的環境因素（孕婦吸煙）導致孩子有過度活躍
症，原來背後只是遺傳基因作祟，母親懷孕時吸煙，並在懷孕過程
中把自己的過度活躍症基因遺傳給子女，使他們患有過度活躍症，
而並非吸煙致病。

懷孕吸煙並不會導致孩子有過度活躍症，但並不表示、也不
鼓勵孕婦可以吸煙，相反，吸煙還有很多其他禍害，只是從預防
角度來說，孕婦停止吸煙並不會降低過度活躍症的病發率，從了
解過度活躍症病理的角度，也無需由孕婦吸煙開始。

三 媽媽酗酒又如何？

相比孕婦吸煙，孕婦酗酒導致孩子過度活躍症的研究，相對
薄弱，但也有一談的空間。

從九十年代歐美的家系研究中，已經得知大概 20% 過度活躍
症孩子的家長是有酗酒習慣，大概四分一酗酒媽媽和三分一酗酒
爸爸的孩子，是有過度活躍症，兩者似乎重疊頗多。

1973 年法國的研究團隊率先指出孕婦酗酒可誕下生長緩慢、
細頭、薄上唇、短鼻、平鼻梁和細眼的畸形 BB，他們命名為胎兒
酒精綜合症（foetal alcohol syndrome），這些不幸的孩子長大後

可有不同程度的智障，同時亦有專注力缺陷和過度活躍的病徵，幸好此病並不常見，絕大部分過度活躍症孩子也不是畸形，但過多酒精的確可以損害胚胎的發展。大部分酗酒的孕婦並不嚴重至誕下畸形嬰兒，科學家也說不出飲酒多少才致胚胎有病。

過去二十年，大概有一半研究說孕婦飲酒令孩子患上過度活躍症的機會增加一倍，但也有另一半說兩者並無關係。懷孕時期飲酒的媽媽很可能在往後的日子，孩子成長的時期繼續飲酒，媽媽酗酒對他們自身的情緒、對孩子的教養、對婚姻與家庭都有負面影響。酗酒當然並非偶然隨機發生，也有它的遺傳基礎，這些基因也可能增加孩子患病的機會。所以酗酒媽媽令孩子患上過度活躍症的機會，可以通過懷孕時酒精對胚胎的損害，或酗酒帶來的惡劣成長環境，或通過酗酒的基因影響。

2006 年美國布朗大學的 Valerie Knopik 採用雙生媽媽子女（children of twins）的研究策略來解答剛才的問題。她搜集了二百六十八對雙生的女子，其中部分有酗酒習慣，她們一共誕下了九百二十二名十三至二十一歲的子女，研究人員通過面談評估他／她們是否有過度活躍症。如圖 6.1 所示，酗酒媽媽帶來子女高遺傳、高環境風險。酗酒媽媽的孿生姊妹，並沒有飲酒的問題，對孩子成長構成低環境風險，可是這些孿生姊妹與酗酒姊妹的基因可以是完全相同（單卵雙生），或一半相同（雙卵雙生）（見第五章《一種遺傳病？》），所以她們帶著高或中度遺傳風險給她們的子女。最後雙生中皆沒有酗酒問題的媽媽，她們給子女的當然是低遺傳、低環境風險。

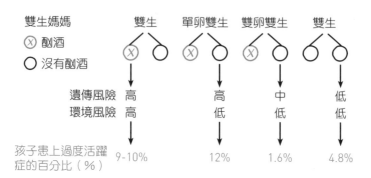

圖 6.1　酗酒媽媽與孩子的過度活躍症

通過這個巧妙的研究設計，Knopik 發現只在高遺傳風險的組別，下一代過度活躍症的病發率增加一倍，環境風險的高低跟病發率無關。換言之酗酒媽媽是通過遺傳基因，而非環境因素，增加了她們子女患上過度活躍症的機會。這種遺傳基因，一方面令媽媽酗酒，也同時令孩子過度活躍。

四 出生問題與過度活躍症

在嬰兒出生前後發生的一系列危疾似乎都可以增加孩子長大後患上過度活躍症的機會，這包括不足月、出生體重過輕、孕婦高血壓、臍帶繞頸、出生後需要搶救等（見表 6.1）。

在眾多因素中，以出生體重過輕與過度活躍症的關係最為明顯，大部分健康嬰兒的出生體重約 3,000 至 4,000 克之間，出生體

高危因素	增加患上過度活躍症的機會
不足月	200%
出生體重過輕	200%
出生後需急救	170%
孕婦高血壓	30%
臍帶繞頸	15%

表 6.1　出生前後的危疾與過度活躍症

重在 2,500 至 3,000 克之間，與前者比較，長大後有過度活躍症的機會增加了 70%，出生體重在 1,500 至 2,500 克之間，患病機會增加了 140%，出生體重在 1,500 克之下，差不多三分一長大後有過度活躍症！

　　不足月出生的嬰兒同樣地是過度活躍症的高危因素，大部分健康嬰兒是大約在 40 週出生，在 37 至 39 週出生的嬰兒，與前者比較，長大後有過度活躍症的機會增加了 20%，在 34 至 39 週出生的嬰兒，患病機會增加了 80%，在 34 週前出生的，患病機會增加了三倍！

　　不足月與出生體重過輕經常是一併出現，其中，以後者的影響較為直接。在足月出生的孩子中，出生體重較輕仍然會增加長大後患上過度活躍症的機會，在單卵雙生的情況下，雖然他們基因完全相同，出生體重較輕的那一位，仍然比出生體重較重的孿

生兄弟／姊妹，長大後有更多專注力不足病徵。在雙卵雙生、基因只有一半相同的情況下，結果仍是一樣。

出生體重過輕，可能反映胚胎成長期間，因為不同原因，導致營養不良，腦袋發育受損，環顧一系列與過度活躍症有關，出生前後的危疾，科學家相信這些環境因素是通過腦部缺氧，導致腦袋受損，形成過度活躍症的高危因素。

五 環境毒素

雖然絕大部分過度活躍症並非環境毒素引起，這些毒素可以引起的病狀往往並不包括，也遠遠超乎過度活躍或專注力不足的病徵，但坊間流傳重金屬導致過度活躍症甚至自閉症的想法，有些家長更尋求「解毒」的治療方法。雖然這方面的研究數據薄弱，這裡還有一談的需要。

環境毒素中有較多研究的是重金屬鉛（lead），絕大部分過度活躍症孩子血液中的鉛濃度都遠低於美國疾病管制預防中心制訂的每 100 毫升 10 微克以下的標準。另有報告說過度活躍症孩子頭髮的鉛含量超標，可是頭髮的鉛可能反映環境污染，身體並不一定攝取過量的鉛。不少研究發現高血鉛濃度與一系列過度活躍相關的認知缺陷掛鉤，譬如智力、執行能力、遏止衝動和專注力的持續程度等。在過度活躍症的孩子裡，高血鉛濃度與老師報告的專注力不足病徵掛鉤，可是這個關係並不穩定，當轉到另一份類

似的問卷，這關係就會消失，研究中不少這些過度活躍症孩子血鉛濃度在 100 毫升 10 微克的水平以下，但血鉛與專注力病徵的關係仍在，似乎揭示了低血鉛並不一定沒問題。但是血鉛濃度與父母報告孩子的專注力，或無論老師或父母報告孩子的過度活躍與衝動病徵，並無關係。

水銀（mercury）中毒可以危害中樞神經系統，令孩子智力、語言發展、眼手配合、記憶力受損，對腦袋的廣泛傷害，專注力無可避免受到影響，可是大部分水銀中毒的孩子並沒有過度活躍症的病徵，以往的研究也找不到身體水銀濃度與過度活躍症的關係。另有小型研究指出血液中或頭髮中錳（manganese）金屬與過度活躍症病徵有關。

除重金屬外，工業上常用的多氯聯苯（polychlorinated biphenyl，PCB，一種廣泛應用於塗料、潤滑油、溶劑的化合物）也與過度活躍症扯上關係。量度 PCB 的方法並不簡單，不同研究量度出來的濃度可以相差一倍，但奇怪地結論仍可以相同。在社區人口的研究中，最高四分一 PCB 濃度的人口比最低四分一的，會有較多過度活躍症病徵。將過度活躍症與正常孩子比較，前者的 PCB 好像比後者為高，但不同研究結果並不一致。在過度活躍症的孩子裡，較高 PCB 的孩子，專注力測試的表現較差，但在不同測試出來的結果也不盡相同，似乎抑制衝動行為的表現要比維持專注力的更差。在 PCB 污染地區的跟進研究指出，婦女在懷孕時期攝取過量 PCB，部分孩子長大後會有類似過度活躍症的行為。

另一引人注意的環境毒素是磷酸酯（organophosphates，常應用於殺蟲劑、除草藥、農藥）。磷酸酯是化學成分相似的化合物質的總稱，他們的代謝物（metabolites）眾多，要在血液中找到磷酸酯或在尿液中找到磷酸酯的代謝物，需要進行一系列相關的測試，但也不一定能準確反映磷酸酯的攝取量。有研究指出過度活躍症孩子血液中磷酸酯的濃度是正常孩子的兩倍。婦女懷孕時期在尿液中驗出磷酸酯的代謝物，她們孩子在幼兒期間似乎有較多專注力病徵，但是在不同年紀、不同性別的孩子，這個數據並不穩定。需要指出的是，這些研究得出磷酸酯的讀數，可能只是在高危地區出現，一般地區未必有相似暴露在磷酸酯威脅下的生活環境。

不少學者指出，證明環境毒素引致過度活躍症並不簡單容易。首先量度毒素的方法不統一，也不易完整，驗血、驗尿和驗頭髮，測試出來的結果並不一致，也未能準確反映身體的攝取量。其次，不少研究是將患病跟正常兒童測試出來的毒素作一比較，這只能證明患病兒童在測試期間有更多毒素，並不一定反映他們以往成長期間攝取過多毒素而導致過度活躍症，另一解讀可以是，因為過度活躍症兒童行為衝動、不易管理，導致他們胡亂進食、出入危險地方，而增加了吸取環境毒素的機會，吸取環境毒素是行為的結果而非病因。幸好近年有比較嚴謹的跟進研究，糾正了這方面的缺陷。第三，孕婦／孩子並非偶然暴露在這些環境毒素之下，背後可能有與過度活躍症相關的背景因素，這些背景因素可以同時提高暴露環境毒素與患上過度活躍症的風險。

　　以上的論述，並非旨在證明環境毒素安全，相反，已有不少證據說明這些毒素對身體不同器官有害，大部分中毒個案不會有、也不止於有過度活躍症病徵。從環境毒素到可能導致過度活躍症的探索中，還需小心求證。從預防疾病的角度來說，環境毒素可能只能解釋很小部分過度活躍症，但只要得到證實，相關的預防與管制工作，毫無疑問仍然非常值得執行。從治療的角度來說，除非有其他毒素中毒的表徵，過度活躍症孩子並不需要例行對這些毒素進行檢測，用「解毒」來治療過度活躍症，既帶風險，背後的治療理念與成效亦頗成疑問。

六 一樣的事情、不一樣的經歷

　　傳統的社會學、心理學和精神醫學往往將某一個社會現象視為某行為或疾病的可能因素作為研究的目標，譬如說，研究父母親離婚對孩子的心理影響，研究貧窮會不會令孩子的自尊受損等。遺傳學將環境因素一分為二，一部分的環境因素是共享的（shared environment），而另一部分環境則不是共享的，而是獨特的（non-shared environment）。

　　所謂共享環境是指客觀發生而存在的環境因素，家庭裡的每個孩子都會無可避免遇到相同的經歷，例如父母親教育水平偏低、單親家庭、家境貧困、父親失業、生活環境擠迫、高噪音，又或者居住在高罪案率地區之中。通過雙生子病徵相關差異的研

究，遺傳學家除了估量出遺傳係數外，還可以計算出共享環境對疾病成因的貢獻。在眾多的雙生子研究中，差不多都一致報告，共享環境對過度活躍症成因的貢獻是接近零！換言之，過度活躍症並非是由貧窮、父母親文盲、噪音、單親等共享環境因素引起。

七十年代，過度活躍症曾一度被理解為因為食物中的附加劑、添色素或防腐劑所引起。部分孩子的媽媽更改餐單以求擺脫因食物而引起的過度活躍病徵。孩子的食物，在遺傳學家的眼中，當然是共享環境之一（除非雙生兄弟姊妹在成長過程中所吃的食物不同）。現在的數據看來，共享環境對過度活躍症的成因，可謂微不足道，由食物導致過度活躍症的看法，也站不住腳。

共享環境作為病因的數據如此不濟，似乎並非單單在過度活躍症裡出現，在很多精神病中，也是如此，比如說精神分裂症、抑鬱症、焦慮症等。似乎除了濫用藥物外，共享環境因素並不是大部分精神病的成因。坊間流行的看法，如貧困導致抑鬱，失業導致自殺等，在遺傳學家的眼中，可能都是美麗的誤會。

絕大部分單卵雙生的兄弟或姊妹都是在相同的環境下成長，完全相同的基因與相同的環境卻得出並非一模一樣的疾病，這現象正正說明了非共享環境的貢獻。所謂非共享環境，是泛指家庭裡的兄弟姊妹個別、並不與其他成員一起遇到的環境因素，例如個人的交通意外，自己的朋輩、老師，個別的興趣，出生次序，還包括父母對某子女的特殊溺愛或冷淡等。

　　由於共享環境並不是大部分精神病的成因，在扣除遺傳係數後的餘額，通通都可以歸納在非共享環境之下。換言之，所謂環境因素對病因的貢獻，不在於傳統上客觀發生具體的事情，而是個別的、微觀的經歷。舉例說，父母親離婚，對他們幾個孩子的影響並不相同，由於每個孩子的年紀不同，性別不同，性格各異，每個孩子與父親或母親的親疏也有分別，孩子擁有的朋輩、老師支持也不盡相同，父母親離婚對每個孩子帶來的衝擊與影響，都不會一樣。孩子共享的環境（父母離婚），卻帶來不同的體驗，後果也不會一樣。

七 我中有你，你中有我

　　遺傳與環境因素均可各自構成病因，這是比較傳統的看法（圖6.2）。

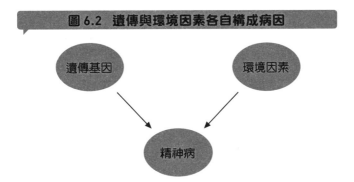

圖 6.2　遺傳與環境因素各自構成病因

　　現代遺傳學的看法比較複雜。近年，不少研究指出一些所謂環境因素，例如父母離婚、意外、親子關係等，都受遺傳因素影響。舉例說，孩子日常可能遇到的一些生活轉變，如轉校、搬屋、兄弟姊妹離開家庭、認識新男女朋友等，並不是完全隨機發生，部分生活的轉變是有跡可尋，而遺傳學家的研究發現這些生活轉變的遺傳係數是 0.2 至 0.3 之間。轉校、搬屋、交朋友，當然是沒有 DNA 成分的。一些看似是環境因素而帶有不太低遺傳係數的原因可能是與孩子的生活方式有關，而後者則與遺傳基因有關。不同的行為會為孩子自己帶來不同的環境因素。追尋刺激、衝動的孩子易生意外。退縮的孩子不大願意轉校。性情開朗的孩子，令朋輩接受，容易結交新朋友。孩子的行為會為自己選擇、調節和製造身邊的環境與遭遇。遺傳基因通過行為而影響環境因素。從疾病成因的角度來說，遺傳基因可以是病因之一，也可以通過環境因素而致病（圖 6.3）。

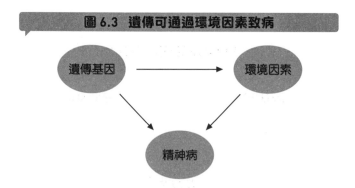

圖 6.3　遺傳可通過環境因素致病

　　大部分人都理解由遺傳基因控制的生理轉變可以令行為或情緒發生變化，但倒過來，人的行為也可以改變人腦的構造與活

動。近年對人腦功能影像的研究指出，鋼琴家的腦袋在控制手部肌肉的大腦皮層要比普通人的大得多。倫敦的士司機因工作需要而可以背誦好幾百、甚至過千條街道的位置，他們腦袋處理位置、方向、地圖的頂葉也比普通人大，的士司機的年資越長，腦袋這個位置也越發達，體積也越大。生活經驗給腦袋留下不同形式的烙印。

再進一步，我們的生活、環境因素也可以影響遺傳基因的表達。在多基因疾病的範疇裡，從父母遺傳下來的基因，可能需要某些環境因素的配合，該基因的功能才可以完全表達出來。譬如說，患有反社會人格缺陷（antisocial personality disorder）的父母，他們的孩子被領養後，孩子雖然帶著可以致病的基因，但會不會有品行失調的問題，需視乎領養環境的好壞。

簡單來說，環境因素本身可以致病，也可以通過對遺傳基因的「開關」而致病。換言之，環境因素與遺傳基因可以各自通過對方而致病（圖6.4）。

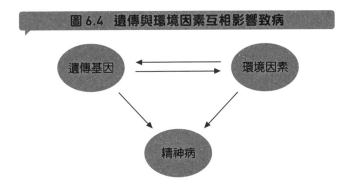

圖 6.4　遺傳與環境因素互相影響致病

　　現代遺傳學在精神醫學的應用，由尋找基因的過程中，逐步了解到大部分精神病，包括過度活躍症在內，是複雜的多基因疾病。有趣的是，從尋找基因的目標開始，我們反而更了解環境因素致病的重要性和可能的機制，而進一步認識到，遺傳與環境是可以非常互動的。當我們嘗試去量度環境因素的時候，找到的可能是遺傳基因影響的伸延。找到致病基因之後，我們更需要知道環境對基因的可能作用。

　　假若我們仍糾纏在過度活躍症究竟是先天還是後天的疾病，我們可能問了一個錯的問題，也不大可能找到對的答案。

過度活躍症的斷症及其他

💬 曲折的求助過程

　　慧是五年級的學生，六年前還在幼稚園的時候，老師已經留意到他坐不定、不專心的情況，不過大家都說他年紀小，成熟一點便沒有問題。一年級開學不足兩個月，學校老師的投訴是典型過度活躍症常見的病徵，老師與家長商量了一套協助慧遵守班房秩序的守則，好了點，但問題並沒有解決。二年級，為了追功課，媽媽決定讓慧參加一星期五天、每天三小時的補習班，似乎投訴的不只學校，還有補習社的老師。後來轉為私人補習，半年下來，轉了好幾位老師，有些做不到幾個星期便幹不下去，大半是給慧氣走的。媽媽也到校外找社工幫忙，學到了一些與孩子相處的方法。

　　三年級的時候，慧的操行和成績實在太差，學校把他收進了小組教學的輔導班，同時，媽媽和慧也參加了不少親子、EQ、管教的課程。心理專家的評估說慧的智商正常，建議慧媽媽找醫生作評估。學校老師對轉介醫生評估的反應不一，班主任說早應該看醫生，有老師卻說慧還差不到這地步。最後，媽媽和慧見了兩位醫生，家庭醫生說孩子沒問題，慧媽媽可能太過緊張。私家專科醫生說慧有過度活躍症，開了藥，慧沒有服，也沒有覆診。今天，慧已是全校「出名」的學生，慧媽媽覺得學校只有投訴而沒有協助，好像只希望讓慧快點「畢業」。

　　求診當日，醫生打開醫院的紀錄，發現慧原來早一年前已轉介到診所來，可惜，他當天「爽約」，白白浪費了一個新症名額，

也令其他孩子輪候的時間不必要地拖長。詢問慧媽媽一年前的約會，慧媽媽沒料到醫院除了病人紀錄，還有「不是病人」的紀錄，尷尬地望著慧，輕聲的解釋：「我擔心慧不喜歡來看精神科。」那邊廂，慧正興高采烈地玩他的電子遊戲，並不理會媽媽的話。

類似慧的個案，並非罕見。本地的研究發現，由病起到兒童精神科求診的時間，平均超過兩年，有的長達九年！求診延誤的時間越長，病徵越多，曾經協助過孩子的專家也越多，有些孩子在飲完神茶，改過名，問過米之後，才到診所求診。他們的求助過程，有點似玩波子棋，不停在各專家之間「彈來彈去」。

在香港找兒童精神科醫生，只要一封醫生、心理學家、社工或老師的轉介信就可以了，私人執業的醫生，轉介信也未必需要。曲折的求助過程，反映的可能是幾個相關的問題。家長和老師可能覺得不容易判斷孩子的問題是否需要尋求精神科醫生的協助，覺得行為和情緒問題，並不是精神科的範疇，一方面固然是公眾健康教育的不足，也不知道求診的途徑，另一方面也是對精神科的悠久誤解。找精神科醫生看病好像等於說自己「黐線」，標籤背後，有明顯的抗拒情緒，要求精神科醫生隱瞞專科身份，又或者父母要求第一次約會商量好可以怎樣介紹醫生才讓孩子求診，偶有所聞。

精神病並不可怕，因害怕和誤解而放棄治療的機會，才叫人可惜。更何況，百分之九十以上來兒童精神科求診的孩子都不是俗語所說的「黐線」，絕大部分求診的孩子，都是有不同程度的行為和情緒問題。

部分父母在求助的過程中，可能有自責和不稱職的感覺，亦可能覺得受人誤解，也擔心被人埋怨。孩子的問題是父母一手造成的想法，往往拖慢求診的步伐，這些都是求診不必要的絆腳石。

對第一次到精神科診所求診的孩子，父母應該先跟孩子說明到哪裡，所為何事、需時多久，及可能談及的問題。鼓勵孩子提出心中的問題和想法，也解釋父母決定求診的原因。誠實坦白的說明，就是最好的答案。含糊不清、語焉不詳的解釋，往往令孩子擔心和抗拒。不止一次聽到孩子說：「媽媽說我『曳』，要帶我來見醫生打針！」

二 診所裡的評估

大部分孩子對見醫生的理解是十分鐘內便可以拿藥離開診所，見兒童精神科醫生，尤其是第一次的會面，卻通常要花一小時或以上。會面時間的長短，不單視乎需要搜集的資料多少和繁複程度，還要看與孩子或父母建立關係是否容易，治療成功與否的其中一個關鍵因素，是孩子與醫生的感情關係、父母對醫生的信任與支持，這些都不是十分八分鐘可以輕易建立的。

關於會面的安排，精神科醫生會考慮是單獨還是一起會面。基於孩子的成熟程度、問題的性質、父母的要求和醫生對該病症的理解，每個醫生的處理手法會有不同。大部分醫生在第一次會面時都會安排一點單獨和一起的時間。單獨與孩子會面時，會談

多一點孩子的感受、孩子對父母的看法、孩子不想讓父母知道的事情（如拍拖），並觀察一下孩子跟父母分開的反應。跟父母單獨見面的時候，會了解多些父母本身的困難、家庭日常的運作、管教上的衝突、婚姻關係和父母不知應否讓孩子知道的事情（例如孩子是領養的）。一起會面的時間，醫生不單聽到會談的內容，還會感受一下家庭的氣氛、溝通的方法和父母管教的手法。

首次會面的任務，當然是評估與斷症，精神科醫生會將每個病徵仔細了解，通常的手法是由較籠統的問題開始（例如：孩子最近的心情怎樣？），逐步轉到較針對性的問題（例如：他有沒有暗示要自殺？）。最能幫助醫生斷症的是仔細詳盡的觀察和具體的例子，印象式的話（例如：總之他就是「曳」）或欠缺內容的投訴（例如：老師就是說他不聽話，我也不知發生了什麼事），對斷症的幫助不大。

過度活躍症的斷症是建基於該病病徵的了解、與環境的關係、病發年紀、病歷長短和影響日常生活的嚴重程度。但斷症僅僅是評估的開始，而非終結。精神科醫生更需要知道的是，除了過度活躍症之外，孩子是否有經常與該症一併出現的精神健康問題（見第九章《「禍」不單行》）、以往的病歷（尤其是現時服藥的情況）和對以往治療的反應、孩子過往的發展、學校生活、成績、與朋輩關係、家庭背景、父母對孩子問題的想法和處理手法等。這些資料對醫生了解病情、孩子的強項弱點、病因和可行的治療方法，都很有幫助。籠統來說，精神科醫生在會面的過程

裡追求的是建立一個具體的印象——孩子過往的成長、今天一日二十四小時的生活和將來合理的期望。

　　診斷過度活躍症的另一重要基礎，就是孩子在學校的表現。經驗豐富的老師可以分辨出孩子的活動量和專注力與同年紀同學的分別，而課堂裡的學習正正是過度活躍症病徵容易顯露出來的地方。除了病徵外，醫生還有興趣知道孩子的學習態度、學習水平、與老師的關係、孩子小息的活動、和同學的相處。基於父母本身的忌諱、害怕求診可能造成的標籤效應和同學間的訕笑，部分家長不願意診所接觸學校，卻提高了診治上的困難。

　　每個醫生跟孩子面談的手法並不相同，談話的內容更會視乎當時已知或需要知道的資料而決定。但對過度活躍症的孩子，醫生的觀察離不開孩子的活動量、專注力、分心程度、耐性、對大人說話的打擾，和在診症室內外等候時的表現。很多醫生會安排孩子自己做點東西以觀察他們的專注力，也喜歡跟孩子畫畫、談天、許願、玩家庭屋等幫助了解孩子的心理狀況。

　　除一般的身體檢查外，精神科醫生最有興趣的莫過於腦科系統的檢查、留意肌肉抽搐（motor tics）的出現和評估手眼協調的問題。過度活躍症的診斷，一般來說並不需要抽血、X光、腦電圖或其他實驗室裡的測試。所以，對過度活躍症孩子的進一步身體檢查，通常是用來證實孩子並沒有患上考慮中的疾病，或只是作研究的用途。

▤ 關於斷症的一些常見誤解

（1）何謂輕微？何謂嚴重？

正正由於過度活躍症的斷症，並沒有化驗室裡可以找到的不正常現象，或 X 光片中見到的異常斑點，部分父母老師難免有時對斷症的準確性有點疑慮。其實差不多所有精神病的斷症都有上述的問題，無論是精神分裂、抑鬱症、狂躁症還是自閉症，他們的斷症，都是建基於一系列行為和心理異常的表現，是臨床的評估，並沒有任何可以在化驗室裡找到的黃金準則去診斷疾病。

對於那些相對典型的個案，譬如說過去數年，在不同學校，不同場合，不同老師和照顧者都有相似觀察和投訴的孩子，爭議的地方比較少。至於相對輕微的個案，便需小心評估。美國精神學會對過度活躍症的斷症守則是要孩子必須在十二歲之前，在一系列九個病徵中，有六個或以上的病徵，於過去半年，在兩個或以上場合出現，並導致學習上、朋輩或父母的關係上或工作上的明顯困難（見第二章《由一百年前說起》）。如果過度活躍症的病徵只在單一場合偶然出現，這並不符合過度活躍症的標準。舉例說，九歲孩子只在過去三個月表現得非常不專心，並不會是過度活躍症，反而需要考慮其他焦慮症狀、身體其他疾病，甚至因其他藥物引起的副作用等。

九個病徵的選擇和六個病徵的界定，都是經驗豐富的學者和醫生在一系列相關研究中確立的，背後有嚴謹的推敲和紮實的數

據支持。美國精神學會 DSM-V 委員指出病徵數目越多病情越是嚴重，十八個病徵中並非每一項在每個孩子身上有相同的影響力，臨床上見過不少個案在日常生活上特別受到個別病徵的困擾，有些孩子的活動量過高導致父母不願意帶他外出，有些太過多口被同學改花名取笑，有記性太差不到十分鐘已經忘記上一頁學過的生字。臨床上嚴重的指標還包括經常與過度活躍症一併出現的其他發展上的障礙與相關問題，對孩子構成關鍵性的成長障礙（見第九章《「禍」不單行》）。

那些僅僅只有過度活躍症而沒有其他問題的少數，在診斷和治療角度來看，由於不需要處理其他問題，可以說是相對簡單。可是在斷症上最具爭議性的，可能是那些在九個中僅有四五個病徵的個案。嚴格來說，他們並不符合美國精神學會的斷症守則。他們也並非只有個別一兩個病徵般，可以解釋安慰一番而並沒有治療的需要。跟進研究指出這些只差一兩個病徵就符合斷症守則的個案也可以構成成長上的障礙。臨床上，最實際的處理是將這些可能引起困難的病徵逐一了解，並在環境上、管教上，作出相應建議，再視乎進展而決定下一步的恰當治療。

（2）資優兒童有沒有過度活躍症？

小部分幸運的孩子，他們的智商比其他孩子要高，其中少數更可能是資優的孩子，部分老師家長可能擔心由於孩子智商高，學習快，對簡單的課程感到沉悶，表現不耐煩，而被人誤會有過度活躍的情況。這種可能性當然不能抹煞，但也並非不能分辨出來。

　　智商的高低是可以量度的，而毋須猜測，上述情況的出現，通常是指智商高出一般孩子很多，而非稍高於同輩。其次，在一些孩子有興趣而學習水平要求較高的時候，這些孩子的行為表現應該是沒有問題的。更何況，過度活躍症的斷症是建基於一系列的行為特徵而非單獨出現的行為問題，比如說，資優兒童由於領悟力高學習快，應該是很快地準確地毫無困難的完成需要的工作或功課，而過度活躍症的兒童卻經常未能完成功課、有保持注意力的困難、沒有組織能力，更經常有不小心的錯誤！細心分辨，兩者並非同一性質的問題。

　　智商高的孩子，並非對過度活躍症有免疫能力，一些資優兒童，由於同時患有過度活躍症，他們的學習遠遠落後在智商應有的水平之下，有些更只是浮沉在僅僅及格之間，白白浪費了他們的天賦。資優與過度活躍，並非相等，也可以一起出現，斷症上，更需要小心分辨。

　　臨床上智商高而又僅僅專注力不足而沒有過度活躍病徵的個案，往往延遲求診。由於課堂上他們並沒有擾亂秩序，雖然不專心，但高智商加上父母的幫助，小學成績不錯，因此往往變成隱形個案，可是小聰明加父母幫助並不足夠應付中學的學習，這類個案往往在初中階段時，專注力的缺陷完全暴露出來，成績大幅下降。中學求診時不少家長投訴孩子在高小已察覺病徵，但老師堅稱孩子學習良好、沒有問題，曾有求診的家長表示，當時老師說「如果我的孩子都算有問題，起碼有半班同學應該有過度活躍症！」家長說時語氣溫和，但語句背後總有點懊悔。

與資優剛剛相反，一些學習上有特殊困難和需要的孩子，由於未能掌握需要學習的內容，也不明白老師的講解，枯坐班房裡，無所事事，也容易被誤會是有專注力缺陷。分辨的方法也與剛才的例子相差不遠。學習困難，無論是智力的局限，還是特殊的障礙，都是可以準確量度的。除了學習外，這些孩子應該是沒有專注力缺陷的表現，而過度活躍症的斷症也不應該是建基於一時一地，個別病徵的出現。最後，專注力的評估還需考慮到智力發展的局限。

（3）轉校就沒有過度活躍症！

另一個與學習有關的疑問，就是學習環境的差異對過度活躍症斷症的影響。不少家長有相似的疑問，覺得孩子轉到包容性較大的國際學校，或者強調活動教學的環境，老師的投訴少了，過度活躍症的問題也會隨之消失。很可惜，這可能只是家長一廂情願的美麗誤會。無疑，過度活躍症的孩子在強調傳統教學方法、大量重複抄寫、千篇一律、缺乏個別照顧、只著重學科學習的填鴨式教育下，過度活躍症的病徵容易暴露出來，但這並不意味轉變學習環境，孩子就沒有問題。

有經驗的老師可以分辨出有專注力缺陷的學生並不會因為老師接受學習水平參差一點，甚至學習要求低一點，就令學生專心起來。活動教學只是不需要學生每天都坐在同一座位被動地聽書，但並不會令學生安坐。更何況國際學校並不是要求低、包容廣的代名詞，不少國際學校的學習氣氛是非常具競爭性，也強調

培養學生主動學習的習慣、提供多元化的學習空間和教學方法，過度活躍症的學生並不一定適合這種學習的環境和要求。退一步說，假若國際學校真的是「醫治」過度活躍症的「良方」，這些學校應該是沒有過度活躍症的孩子，事實當然並非如此，更何況過度活躍症的概念是西方的「舶來品」，源自西方，並不是港式傳統教學的產物。

　　將教學環境轉變等同過度活躍症的消失，可能將此病過分簡約而變成單純學習的問題。雖然學習是過度活躍症孩子經常遇到的大問題，但並非問題的全部。大部分不同類型的兒童及青少年精神病，如抑鬱症、自閉症、焦慮症和強迫症都可以在不同範疇內對學習有不同程度的影響。學習是兒童及青少年必然面對的發展需要，行為和情緒問題嚴重的時候，影響學習，並不為奇，但並不可以將行為和情緒問題等同學習問題看待處理。事實上，跟過度活躍症一併出現的其他問題，學習的困難和障礙只是其一，有更多的問題並不是轉變學習環境就會自動好轉（見第九章《「禍」不單行》）。過度活躍症孩子長大後，面對的更不單只是學習的問題，而是一系列的行為、社交、自我形象和適應的困難（見第十四章《成長篇》）。將過度活躍症誤會為單純的學習問題，更是對此病的遺傳基礎、腦生理的異常和藥物研究等方面的忽略。

　　處理過度活躍症孩子強調的管教訓練、教學調適和各種訓練（見第十章《父母篇》、第十一章《老師篇》和第十三章《藥療以外》），並不表示此病就是這些問題的總和。正如部分自閉症孩子對

某些聲音有奇怪的駭怕，對孩子適應各種音頻高低的訓練，並不可以治癒自閉症，自閉症更不可以理解成對某些音頻敏感的疾病！

影響孩子注意力的因素很多（見第四章《專心玩遊戲機就沒有病？》），教學環境的轉變和教學方法的調適，應該是建基於對過度活躍症問題的了解，致力將此病在學習上可能帶來的惡劣影響降至最低，儘量幫助孩子有愉快的學習生活和健康成長。期望轉校就可以解決過度活躍症的問題，可能只是未能接受斷症的另一表現。

對於未能接受過度活躍症的父母，要說服他們改變看法並不容易，部分擔心的父母更會有尋求第二意見的想法和做法。尋找另一位專家的看法，其實是可以理解和明白的，更何況並非每一位專家的評估都是希望中的盡善盡美，能夠令家長滿意。問題卻在於小部分的家長只有興趣尋找證實他們想法的意見，對其他不喜歡的評估卻充耳不聞，或者強調不同專家的差異來「證明」他們孩子並沒有問題。其實，處理過度活躍症孩子的前線同工，如社工、老師、學習輔導員、教育心理學家、臨床心理學家、職業治療師、精神科護士、精神科醫生，又或者家庭醫生和腦科醫生等，他們的專業訓練並不完全相同，對此病的經驗、了解和看法也非完全一致。可是對處理過度活躍症孩子有豐富經驗的同工，由於面對的問題相似，亦有合作處理個案的經驗，也理解不同專業對此病的看法和局限，在斷症和診治的角度，容易找到大家的互通點，協力幫助孩子解決因過度活躍症帶來的種種問題。

四 問卷、測試及其他

過度活躍症基本上是臨床的斷症，其他的資料如問卷、注意力測試等，都有輔助的作用，但並不能取代詳細的病歷和臨床的觀察。

量度兒童心理或精神健康問題的工具，包括問卷（questionnaire）、面談（interview）、標準化的觀察（standardized observation scheme）和不同形式的測試（test）。每種工具，尤其是問卷，品類繁多，而工具的設計、應用和缺點都不同，現謹將一些本地常應用在過度活躍症孩子身上的評估工具作簡單的介紹：

(1) Child Behavior Checklist, CBCL

工具簡介： 問卷，共一百二十條，父母填寫，適用於四至十八歲的兒童及青少年。需時二十至三十分鐘。

應用範圍： 篩選（screening）有行為及情緒問題的兒童及青少年。問卷提供了八類常見精神健康問題和青少年能力的資料，也包括專注力的問題。

本地經驗： 有信度（reliability）、效度（validity）和常模（normative）資料，問卷的分數可用作篩選可能有問題的兒童及青少年作進一步的檢查，已被廣泛使用。

（2）Teacher's Report Form, TRF

工具簡介：問卷，共一百一十三條，老師填寫，適用於六至
　　　　　十八歲學生。需時二十分鐘。

應用範圍：篩選問卷，提供八項常見精神健康問題和學生適
　　　　　應能力的資料。最新的修訂提供了過度活躍、衝
　　　　　動（hyperactivity-impulsivity）與注意力不足兩
　　　　　項數據，與美國精神學會的 ADHD 對病徵分類的
　　　　　概念銜接。

本地經驗：有信度、效度和常模資料作篩選用途，已被廣泛
　　　　　使用。

（3）Youth Self-Report, YSR

工具簡介：問卷，共一百一十九條，由青少年自行填寫，適
　　　　　用於十一至十八歲青少年。需時二十分鐘。

應用範圍：篩選問卷，提供八項常見精神健康問題和青少年
　　　　　能力的資料，也包括專注力的問題。

本地經驗：有信度、效度和常模資料作篩選用途。

備　　註：CBCL、TRF 和 YSR 是美國佛蒙特大學的 Thomas
　　　　　Achenbach 所設計，一式三份，供父母、教師
　　　　　和青少年填寫，問卷問題雖非一模一樣，但對八
　　　　　項常見的青少年精神健康問題提供了三個不同角
　　　　　度、非常豐富有用的數據。相對來說，父母填
　　　　　寫的 CBCL 和老師填寫的 TRF，比青少年填寫的
　　　　　YSR，在信度和效度的數據表現較佳，應用也比
　　　　　較廣泛。

(4) Conners' Teacher Rating Scale, CTRS

工具簡介：問卷，CTRS 有不同版本，有十條、二十八條及三十九條問題，老師填寫，適用於三至十七歲的兒童及青少年。需時五至十分鐘。

應用範圍：CTRS 當初設計是用來量度過度活躍症病徵在治療前後的轉變。及後，也廣泛適用於量度過度活躍症病徵和相關行為問題的嚴重程度。

本地經驗：有信度、效度和小學生的常模資料。作為篩選過度活躍症的工具，本地研究似乎指出頗多不足之處，比較多在臨床上應用。

(5) Strengths and Difficulties Questionnaire, SDQ

工具簡介：問卷，共二十五條，老師和父母填寫，適用於四至十二歲孩子。需時五至十分鐘。

應用範圍：篩選問卷，提供五項常見精神健康的資料。1999年問卷設計者加入了關於障礙的延伸部分。

本地經驗：有信度、效度和常模資料，是近年越來越多採用的問卷。

(6) Strengths and Weaknesses of ADHD-symptoms and Normal-behaviors questionnaire, SWAN

工具簡介：問卷，共十八條，老師和父母填寫，適用於六至十八歲。需時五至十分鐘。

應用範圍：篩選問卷，只能提高過度活躍症的資料。

本地經驗：有信度、效度和常模資料。

（7）Diagnostic Interview Schedule for Children, DISC

工具簡介：規劃性面談（structured interview）。超過三千
條問題。供經過訓練並有面談經驗的精神科醫
生、心理學家或研究人員使用。父母版本（DISC-
parent informant）適用於六至十七歲兒童及青少
年，青少年版本（DISC-youth informant）適用
於九至十七歲青少年。需時一至三小時。

應用範圍：DISC 當初的設計是供大型流行病學研究之用，及
後常應用於臨床研究上。可提供超過三十項（包
括過度活躍症）符合美國精神學會斷症準則的精
神病斷症。

本地經驗：有信度資料，亦曾應用在本地的流行病學研究。
效度數據表現較差。需要了解的是，DISC 是研
究工具，是經過一個非常規劃化的提問和斷症程
序，跟臨床斷症的手法，並不相同，也不可以取
代臨床斷症。

（8）Wechsler Intelligence Scale for Children-IV (Hong Kong), WISC-IV(HK)（韋氏兒童智力量表第四版（香港））

工具簡介：智力測試。供經過訓練的心理學家和研究人員使
用。適用於六至十八歲兒童及青少年。需時一至
二小時。

應用範圍：測試兒童及青少年的智力，除總的智商（full
scale IQ）外，還有四項認知能力的數據可供參
考。根據每項測試分數的高低，提示智力在不同
領域上能力的強弱分布。

本地經驗：是懷疑有智力問題和明顯有學習困難的兒童及青少年的標準測試。

（9）Hong Kong Test of Specific Learning Difficulties in Reading and Writing for primary school students-third edition, HKT-P(III); Hong Kong Test of Specific Learning Difficulties in Reading and Writing for junior secondary school students-second edition, HKT-JS(II)

工具簡介：讀寫障礙的測試。供經過訓練的心理學家和研究人員使用。適用於小學（HKT-P(III)）或初中（HKT-JS(II)）、智商正常的兒童及青少年。需時一至二小時。

應用範圍：測試中文讀寫障礙的工具，根據各項測試分數的高低，提示在閱讀及書寫中文能力的強弱分布。

本地經驗：有常模資料，是香港讀寫障礙的標準測試。

（10）Continuous Performance Test, CPT

工具簡介：電腦化專注力的測試。供經過訓練的研究人員使用。通常用於中、小學學生。CPT有很多不同版本。大概需時十多二十分鐘。

應用範圍：在眾多測試專注力的工具中，CPT是歷史悠久及較廣泛使用的一種。根據測試的正確反應（correct hit）、各種錯誤（omission, error of commission）和反應時間（reaction time），可計算出專注力缺陷的特徵。

本地經驗：是本地經常使用的測試，但並沒有本地效度和常
模資料。在歐美等地，過去二十年的研究一致
指出，CPT 測試的結果，在不同環境和測試條件
下，數據非常參差，敏感度（sensitivity）與獨特
度（specificity）也低，很多過度活躍症孩子的
CPT 表現是正常的，而 CPT 數據異常的孩子，並
不就是過度活躍症。CPT 可作為研究專注力的測
試，但未能作判斷過度活躍症之用。

（11）Test of Everyday Attention for Children, TEA-Ch

工具簡介：六至十六歲孩子及青少年專注力表現的一系列標
準化測試，需時約一小時，經過訓練的心理學家
和研究人員使用。

應用範圍：在眾多測試專注力的工具中，TEA-Ch 的設計是臨
床應用，並非研究工具，它有不同的測試量度專
注力的持久度、選擇和控制。

本地經驗：是本地常用的臨床測試，並沒有本地的效度和常
模資料，雖然 TEA-Ch 數據未能作斷症用途，但
提供了不同範疇的專注力數據，可作臨床診斷和
問卷以外的補充資料。

ch.8

過度活躍症的
流行病學

一 由霍亂開始說起

　　大概在 1840 年，英國醫生 William Farr 設計了一套統計死因及其相關人口資料的系統，發現死因的分布跟死者的婚姻狀況和生前的職業有關。有趣的是，是否死於霍亂跟他們居住地方離開水平線的高度也有關係！

　　1853 年的夏天，英國倫敦爆發了一連串的霍亂個案，英國醫生 John Snow 逐家逐戶尋找個案，發現霍亂並不是隨機的在市內每一個地方發生，而好像跟提供食水的公司扯上關係。在倫敦市內 Broad Street 的水泵方圓二百五十碼內，有超過五百宗霍亂致死個案在十天內相繼發生，而在相鄰但並不使用該水泵的區域，卻找不到霍亂個案。在追查水泵輸水管的鋪設和供水的來源，發現提供食水到致病水泵的源頭，發生過五宗霍亂症；而在相鄰區域的供水則由另一水務公司提供，供水源頭也不一樣，John Snow 由此推斷霍亂的病因可能跟食水受到污染有關。

　　William Farr 和 John Snow，可以算是具體利用現在歸類為流行病學（epidemiology）概念去尋找病因的先行者。在百多年前的那個年代，由於霍亂經常發生在人多擠迫的貧困區域裡，當時曾誤以為霍亂是由壞空氣和有毒氣體傳播。也由於霍亂源自印度，經商貿之路輾轉傳到歐美各地，當時有人認為霍亂是對那些不整潔、缺乏道德觀念的窮人的一種懲罰。John Snow 當年的發現，已非常接近找到霍亂的致病病因，可惜經過十年的工作，也

放棄了原先的產科執業，他的努力，並未能開花結果。霍亂菌的發現，仍需再等三十年，可惜 John Snow 已無法看到故事的結局。

1883 年，德國醫生 Robert Koch 在埋首研究肺癆病（tuberculosis）的時候，被召到當時正爆發霍亂的埃及，通過對病人排泄物在顯微鏡下的觀察，終於發現了霍亂菌的存在。Robert Koch 在癆菌（tubercle bacillus）、鼠疫和瘧疾的貢獻，對當時醫學的發展頗有貢獻。至於霍亂菌的發現，則確認了三十年前 John Snow 用流行病學方法推斷病因的正確結論。

早期的流行病學差不多只是研究傳染病是如何在人口中流行傳播的。由於很多科技先進國家的人口死因分布在近一個世紀有非常明顯的轉變，急性的傳染病逐漸被慢性疾病，尤其是功能退化的疾病和各種癌症取代，流行病學的研究，也由傳染病的範疇裡轉到各種慢性長期疾病中。

1950 年，英國的 Richard Doll 在權威醫學雜誌 *British Medical Journal* 報告，患肺癌的病人吸煙紀錄明顯比沒有癌症的病人要多，從此揭開了半個世紀以來吸煙可以致癌的研究。Richard Doll 在論文引用的研究方法，正是現今流行病學常用的 case-control 設計（即是將患病和沒病的對照組作一系列健康資料的比較，從而推斷疾病的可能病因）。他更成為現代流行病學的開山祖師，封爵之餘，更在 2004 年成為邵逸夫獎（Shaw Prize）的第一屆得主。

⬛二 什麼是流行病學？

　　流行病學是通過對疾病病發率的高低和分布，從而推斷病因的系統研究。可以說，如果人類的疾病是完全隨機抽樣的發生（實際當然不是！），流行病學並不可能成為一門專門的學問。

　　流行病學家最有興趣的是三組有密切關係的現象：
一、病發率；
二、疾病的分布；
三、影響疾病病發和分布的因素。

　　流行病學家利用很多不同的統計方法和概念去計算病發率，但最簡單的，莫過於根據每一千人口或十萬人口計算該病病發的次數。高病發率的疾病通常受到一定程度的重視，各地政府的醫療和福利開支，離不開當地的頭號殺手或常見的慢性長期疾病。一些極具威脅性的疾病例如 SARS，雖然病發率不高，但大家也不敢輕視。可是在不受重視的精神科領域裡，病發率無論高低，都跟醫療資源沒丁點兒的關係。在不少國家，青少年的頭號殺手是自殺，但在這個年齡組別的大部分醫療開支和研究經費，都花在極其罕見的癌症和各種身體疾患上。

　　同一疾病的病發率，在不同類別的人士可以有高低之分，這些分類可以包括性別、工作和年齡。在同一指定人口裡，病發率也可以有不同地區的差異。在不同國家或者民族，疾病的病發率

並不一樣。對疾病分布的研究，就是了解疾病的何處（where）、何時（when）及對誰（who）的描述。正正由於疾病的不平均分布，流行病學家由此發掘決定疾病病發率高低的因素，例如居住環境、食物、生活習慣等，從而推斷病因。

三 跨文化流行病學

過度活躍症的概念源自西方醫學的觀察，在過去百年對此病定義的轉變，也只是反映西方醫學的觀點，難免令人懷疑，過度活躍症是否只是西方文化的產物？在非西方文化的國度裡，是否仍能找到過度活躍症的孩子？

要回答以上的問題，並不容易，大部分學者嘗試用問卷調查的方式在非西方文化的國家搜集學童行為的數據，然後與歐美等地相似的調查作比較，用相同的問卷分數去界定孩子是否有過度活躍症，而推斷出病發率在兩地的高低差異，也由此下結論說當地也有過度活躍症。

可惜這種跨文化研究單靠問卷調查比較，並不容易得出病發率差異的結論。須知過度活躍症是建基於行為特徵觀察的臨床斷症，並沒有實驗室裡可以客觀量度的黃金標準。無疑，對孩子行為的觀察，某程度上，是帶有觀察者主觀的判斷，孩子同一的行為，不同的父母或老師，可以有不同的判斷。在不同文化的背景下，這種判斷孩子行為的準則，可以相差甚遠。

以過度活躍症的本地研究為例，在香港與英國倫敦用相同的問卷對七歲學童作調查，發現本地父母與老師對孩子／學生過度活躍行為的評分比英國的為高！以相同分數界定孩子是否異常，發現本地孩子異常的比率為英國的兩倍。但此數據並不可總結為香港學童的過度活躍症病發率是英國學童的兩倍。更可能是本地父母和老師對孩子坐定做事和學習的要求，比英國的父母和老師為高，所以稍為活動量高一點的，就容易被評定為有過度活躍問題！兩地問卷數據的差異，可以是病發率的不同，也可能是反映兩地評核準則水平的分別。

除了兩地文化對孩子行為要求的差異外，更複雜的問題是如何證明在西方國家找到的過度活躍症就是本地找到的同一樣病症。在世界各地都可以找到被認為身體活動量高和不專心的孩子，但是否就此可以說明他們是患上同一病症呢？問題牽涉的，再不僅是兩地孩子行為特徵的比較，而是對過度活躍症的了解。在西方的研究裡，雖然過度活躍症是根據孩子的行為特徵斷症，但這類孩子卻經常有斷症行為特徵以外的相關障礙，例如語言發展緩慢、手腳協調困難、讀寫障礙、實驗室裡可客觀量度的專注問題和身體活動量等。在本地的流行病學研究裡，利用與英國一模一樣的行為特徵作斷症準則，在本地的過度活躍症孩子身上同樣找到以上英國孩子斷症行為特徵以外的相關障礙！

在香港和倫敦兩地社區的流行病學研究裡，找出了有一樣相關障礙的過度活躍症兒童，說明雖然中英兩地文化有別，對孩子的管教不同，過度活躍症卻相似。過度活躍症並不單純是西方文化的產物。

四 過度活躍症的流行病學資料

　　過去四十年，不少過度活躍症的流行病學研究相繼發表，可惜部分研究只流於報告當地的病發率，而對此推斷疾病成因的探討，相對薄弱。2007 年第一份全面回顧過度活躍症流行病學研究的文章在權威的 *American Journal of Psychiatry* 發表，綜合一百零二項在全球各大洲的研究，論文總結出過度活躍症的病發率是5.3%，影響病發率高低的最重要因素是研究的方法，譬如斷症的守則、採集樣本的手法、提供資料的是老師還是父母、用來量度的工具、如何界定障礙等。病發率的高低反而與何時何地的研究沒有扯上關係。回顧過去四十年的流行病學研究，過度活躍症的病發率並沒有增加或減少的趨勢，在不同地域與國家，包括北美、歐洲、南美、亞洲、非洲、中東及大洋洲等地，病發率也相當相似。

　　本地對過度活躍症流行病學的探討，始自八十年代，亦有包括問卷調查和標準化面談為主的研究。簡單來說，在七歲男童的病發率是 6%。從香港每班有四十名學生為例，男女各佔一半，平均每班可能有一位過度活躍症男生。因本地並沒有過度活躍症女童的研究，假設本地男女比率與外國相若，女生病發率為男生的四分一，以每級有四班各有二十名女生為例，平均每級可能有一位過度活躍症女生。到初中階段，病發率相對較低，本地中一至中三學生的過度活躍症病發率為 4% 左右。

　　根據本地研究的病發率，又假設男女比例是與外國相似的四比一，乘以本地中小學生總人數，香港大約有三萬多名過度活躍症的中小學生。雖然過度活躍症在本港的求診數字在過去十年有明顯的上升，但也離開三萬之數很遠，求診數字遠遠低於流行病學研究估計出來的數字，說明了大部分患病孩子及青少年並沒有得到適當的診治，當中不排除有部分父母並不覺得孩子有問題，也無需求診，但亦可能有不少父母並不明白孩子問題的背後是過度活躍症，在不了解的情況下責備孩子，造成不必要又可避免的傷害。公眾對過度活躍症的誤解甚或偏見，亦是患病兒童求診的障礙，父母對過度活躍症的誤解容易令他們高估了外人對他們子女的負面看法，這種顧慮不自覺地散播到子女身上，令孩子覺得過度活躍症是令人羞恥不安的疾病，無論父母或是子女都有保持秘密、不說為妙的傾向，這種想法不但增加求診的困難，不少求診的過度活躍症孩子在長大至青少年期，為求擺脫這種不安的感覺而停止接受治療。雖然香港教育局對 special educational needs（SEN）的學生發出不少指引，也資助在職老師培訓認識 SEN 學生，對大部分前線老師來說，辨識與協助過度活躍症學生仍有很大的進步空間。同樣地，對大部分前線醫生來說，過度活躍症仍然是少數專家的「專長」，就算到了專家手裡，診斷與治療也並非完全一致。

　　如何將流行病學研究的過度活躍症病發率的數字轉化成臨床上照顧到需要幫助的患者，牽涉很多不同層次、不同範疇的工作，然而，假設這個不可能出現的理想成真，所有患病的孩子都得到適當照顧，納稅人又是否願意承擔這樣的醫療經費呢？

「禍」不單行

一 八種不同問題

（1）垃圾站的由來：自卑者的社交

　　文輝再來求診的時候，已是中一的學生。校長寫來的轉介信，言辭懇切，詳細列出文輝自入中學短短半個學期出現的種種問題。文輝學習成績明顯偏低，最簡單的小學英文常用字句也不懂讀，不能串，上課經常做白日夢。半個學期了，仍然未能習慣星期一到五的上課程序，老師從沒收過父母填寫回來的學校通告。交回的功課，如果有的話，不是大部分空白，就是亂寫一通。但是最令校長擔心的，也是促成這次轉介的誘因，卻是文輝與同學間的問題，校長隨信附上了學校社工一次在學校小息的觀察：

　　「文輝性格較為單純，孩子氣較重，喜歡與班裡比他年幼的同學玩耍，通常跟從同學的玩意，較少有自己的主張。可惜自入學以來，文輝未能與同學建立適當關係。經常被同學取笑、玩弄，但文輝似乎並不介意，仍與取笑他的同學一起。從部分同學中得知，文輝的諢名為『垃圾站』，最初以為指文輝的個人衛生較差而得名，及後，在學校的一次小息時，發現文輝坐在禮堂外的垃圾箱旁，向圍著他的同學伸出雙手接下他們遠遠拋來的飲管、紙屑、糖的包裝紙，甚至用過的紙巾。左邊的同學拋的時候，他伸手到左邊，右邊同學叫『垃圾來了』，文輝雙手便轉到右邊。大夥兒圍著他起哄。『垃圾站』之名，原來源自同學對文輝的惡作劇。」

　　校長與學校社工不知道的，也是文輝父母沒有告訴他們的，是文輝早於三年前來過醫院求診。翻開當時的紀錄，文輝患的是過度活躍症。可惜，當時文輝父母正與小學老師鬧翻，不單不同意診所跟老師接觸，更認定學校對孩子有偏見和排斥，並不接受當時的診斷，只覆診了一次，便不再求診。診所寄出的覆診預約通知書，更是石沉大海。

　　眼前是個大個子、短髮、說話粗豪、沒戴眼鏡、穿特大碼衛衣和及膝寬短褲的男孩子。已記不起文輝三年前的樣子，但他的舉止，倒記得三分，好像跟三年前的沒兩樣。直接，簡單，說一不二，不轉彎抹角，沒有層層疊疊的感情鬱結，願意跟你傾談的時候，一切自自然然的和盤托出。

　　「從小到大，每個人都說我差勁，沒有人肯跟我玩。我想跟他們玩，但卻不懂得玩他們的遊戲，他們聊天時我又搭不上嘴。沒有人教我。但是玩『垃圾站』時，他們都會跟我玩。」

（2）暴躁的雲：對立反抗症

　　八歲的雲，來到診所時，就像她家庭醫生的轉介信中寫的一樣──暴躁易怒，好像全世界都欠了她一點什麼的，整天都像快要發惡的模樣。提起孩子的問題，雲媽媽「如數家珍」。

　　「我最擔心雲的脾氣，一天幾次，無論何時何地，為很小的事情都會發脾氣。吩咐她收拾玩具、做功課，或是遲一點再吃點

心，她就會罵人、踢腳、大喊，還作勢打人，一發不可收拾，不到半小時不易靜下來。」

「她最喜歡說的話是『it is not fair』（不公平），好像全世界不遷就她就不公平，但她很難看到自己的錯。要她說對不起，非常勉強。她只會轉過身去，低聲說『sorry』，即使沒有人聽到，她已經覺得很委屈地道了歉。小朋友開罪她可不得了，她會立刻發脾氣，罵人打人不在話下，最喜歡說『我一定打番你！』。」

「吩咐她十次，沒兩次回應，叫多幾次，她的脾氣又來。有時她還有意跟你對著幹。吩咐她吃飯，她就打開書包，翻開所有書本扮做功課；吩咐她做功課，她就說口渴要喝水。知道做功課時不准開電視，她明知故犯，堅持要看電視。讓她看時，她就會跟你討價還價。明明知道不准打架，也不可以還手，她就偏偏當著你的臉用手指『指指點點』。」

雲媽媽說的全部都是對立反抗症（oppositional defiant disorder）的病徵。那邊廂，雲不單不高興地嚷著悶，還明顯的坐不定、離位、不耐煩。再詳細問媽媽關於孩子的行為特徵，發現雲同時也有過度活躍症的問題。

（3）三十分的驕傲：讀寫障礙

仍然很清楚記得那天敏回來覆診的情景。在診所走廊的盡頭，敏邊走邊叫，手拿摺皺了的默書簿。「何醫生，我默書有三十

分！」敏充滿驕傲的聲音，從走廊另一邊傳來，敏媽媽就在敏身後，拿著打開的書包，禁不住的微笑。

三十分，當然是不及格。問題是，敏的默書由小一到小三未得過分數！是的，從來是零分。小學默書的制度是，每錯一字扣五分，錯二十個便要「吃蛋」。這次，敏竟然錯少了，或者，應該正面一點說，敏竟然對的字多了，扣剩三十分。

敏除了有過度活躍症之外，還有讀寫障礙。她智商正常，但讀字與寫字的能力，明顯比同班同學差得多。除了顯淺的字之外，大部分中文字她不懂得。有時她認出詞語的其中一個字，例如太陽這個詞語，連在一起懂讀，兩個字分開了，她只懂「太」，不懂「陽」。除了不懂外，讀字還有兩類較顯著的錯誤。一、她經常讀錯差不多樣子的字，例如「喊」讀成「減」，「失」讀成「夫」，「伸」讀成「神」。二、她會將不懂的字讀成意思差不多的字，例如「沒」讀成「無」，「一起」讀成「一齊」、「猴子」讀成「馬騮」。在「深奧」的文字面前，敏喜歡在字旁的圖畫找線索，所以她從不看純文字的書，看漫畫也只看畫，不讀字。

寫中文是她的弱項，抄還勉強可以，但是，筆順錯、字體大小不一，大的方格也不夠位置空間給她寫，經常出格。部首左右上下不時倒轉，三點水漏了一點，又或者在字的某處加多一劃，已是司空見慣。最困難的似乎是多筆劃而又不止橫豎，還有撇捺的字，花很大的力氣，也似乎寫不出來，最後終於「砌」了一個橫跨方格沒有人看得懂的「字」來。抄書已經這麼多問題，默書

更是百上加斤。昨晚已經練好的字，今天默書全都忘了。有時，還有幾個簡單的字勉強記得，但寫得實在太慢，好不容易寫好幾個懂的字，老師已經讀到第三句！默書焉可能及格。

在第一次求診的時候，敏媽媽打開敏的默書簿，除了大大的紅色「零蛋」外，幾乎一片空白，太難了，懂的，敏也放棄！她的家課冊，有點似抽象派的作品，要花點心思才認出她寫的字。當然，家課冊最常見的是班主任的紅筆：「未交改正」、「忘記功課」、「貴子弟今天上課離位，不合作」、「請督促貴子弟準備明天默書」。在敏的練習簿裡，我看到了敏媽媽投訴的示範（圖 9.1）。

圖 9.1　敏的抄書

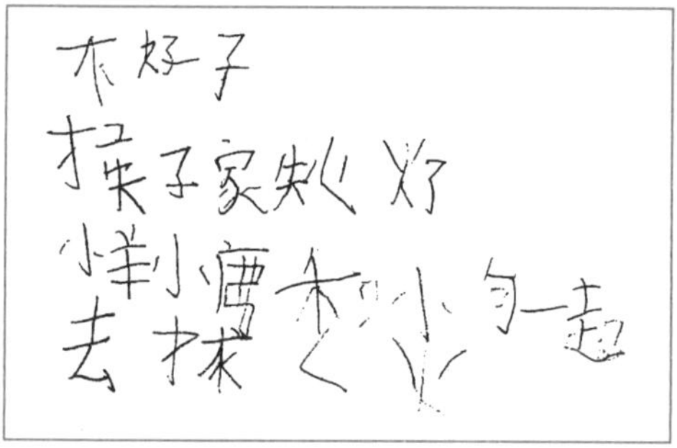

原文：不好了，猴子家失火了，小羊、小鹿和小
狗，一起去救火。

敏的中文是重災區，但英文也好不了多少。讀英文，幾乎是瞎猜。除了「I」、「the」、「on」、「sun」之外，其他的英文字對她來說，好像是外星話。拼音的概念，一點也沒有。最基本的串字也不懂。在診所裡跟敏默書，她異乎尋常的合作，我讀 table，她

畫了一張桌，我讀 eye，她畫了一隻眼睛。敏明白我讀的字，串不到，但她努力的告訴我她懂得一點點。

要求降低一點，叫敏由 a 寫到 z，發現敏仍未把握二十六個英文字母，大小楷混合，「j」字母倒鈎轉錯彎成了「i」，「s」字母畫多了一圈而且倒影成了「己」，花了差不多五分鐘，終於寫到二十一個字母，大小楷不拘，排列更不分先後。最後，將二十六個字母卡排列讀出，這一點，敏倒做得到。

還記得敏媽媽在第一次會面時告訴我，敏的讀書問題她一直不放在心裡，因為她自己讀書不多，幫不了孩子，相信敏也不是讀書的材料，但怎樣也不希望她默書全吃「光蛋」。談到敏寫字的困難，敏媽媽說她小時候，也花了好幾年時間才將一個「8」字寫好！說著，她的手在空中模擬寫「8」字的手勢。

媽媽說：「不知怎的，我小的時候，怎樣也摸不清楚『8』字應該是由左到右開始轉彎，還是相反，由右到左轉彎……」

（4）爭排隊尾的孩子：協調障礙

過度活躍的孩子在排隊輪候時，通常都有點問題。最常見的是沒有耐性排隊，四處走。又或者情況「許可」下，乾脆插隊，爭第一。另外在輪候時做白日夢也很常見。尤其在一群小朋友輪著玩的遊戲，過度活躍症的孩子，在未輪到他時便插隊玩，輪到他時，卻魂遊太虛、心不在焉，數個回合後，其他小朋友發覺他

實在太大意，最後落得自然「消失」的下場。但是，今天基仔媽媽告訴我基仔要爭最尾！

將基仔的病歷很快的重溫一次，病徵、病發年齡、環境差異、病歷長短、身體病歷、藥物紀錄、學習評估報告等，全都與過度活躍症相符。爭最尾，似乎是整幅圖畫最格格不入的一點，不得不再仔細問下去。

「那是班主任告訴我的，上課不守秩序，連上體育課也是如此，體育老師說，基仔經常在隊尾搗亂，跟同學爭執，推來撞去，基仔將剛剛在隊前玩完的同學推在他的前面，這樣他就經常留在隊尾。同學不願站在他前面時，便出現爭執。最後，體育老師便處罰基仔，不准他上體育課。」

基仔媽媽說的時候，基仔微笑。與基仔的體育老師在電話聯絡後，再將基仔轉介到職業治療師那裡。評估報告回來，與估計的相差不遠。基仔除了過度活躍症之外，他的手眼協調、小肌肉運作、上肢平衡，都比同年紀的小朋友差。斷症上，這些舉止不靈活的孩子有個學名，叫作 developmental coordination disorder。基仔拋波、接波都有困難，更不願意在同學面前做指定的「高難度」動作，怕被恥笑而樂得留在隊尾。不幸地，體育課也是他的弱項。

解釋評估報告的時候，基仔媽媽的反應進一步證實我們的斷症。

「基仔從小到大都笨手笨腳，手腳不靈活，叫他幫忙拿東西，不知怎的，碗碟總會掉到地上。直到現在鞋帶都不懂得縛。在遊樂場裡，他不喜歡攀鋼架。在街上，早已提醒他小心前面的垃圾箱，他仍會胡里胡塗的撞上去……」

（5）「說」不停的文：妥瑞症

十歲的文並不是因為過度活躍症來找我的，雖然他的病清楚說明他六歲已有這個問題。文仔父母最擔心的，是一年前開始，文不斷發出奇怪的聲音。

準確一點說，病發早在兩年半前。開始的時候，文有眨眼的「習慣」。學期末考試時眨得最密，不停地眨，滴了眼藥水，似乎好了點。暑假後，文開始經常張嘴巴，有時又像接吻魚般把嘴巴合上。文的父母覺得這實在難看，叫停或懲罰也沒有用。文說嘴有點癢，不這樣做不舒服。三個月後，嘴巴的動作開始減少的時候，文的右手便開始抖。突然的、不經意的，右手抽搐一下，但經常是連續幾次，半小時內再沒有，但忽然又再抽搐幾次，文說他也控制不了。其實這些都是較常見的肌肉抽搐症。

一年前，文開始有像清喉嚨的咳嗽聲，喝咳藥水、敏感藥也止不了。逐漸的，咳聲變了「呀」、「喔」、「唔」的單音，鼻孔有呼氣聲，喉頭的聲音，時大時小，有時連續幾聲。在學校的時候比較少發聲。玩遊戲機的時候和晚上較多發聲。一年來，時好時

壞，身體抽搐動作，反反覆覆，並沒有完全消失。 除了過度活躍症外，文仔也有妥瑞症（Tourette syndrome）。

（6）他有自閉症

典型的自閉症通常在學前已經發現，病情稍輕的可能在小學甚至中學才被發掘出來，這批遲發現的個案通常都是智力正常、語言發展不差，而彥的個案好像是兩者的混合體。

彥的父母在他一歲多時已覺得有點不對勁，彥對父母的逗玩好像沒有反應，他語言發展稍慢，並不嚴重，但很多時只是自說自話，不像與人交談，他非常喜好芝麻街的 Big Bird，買衫要買 Big Bird、枕頭要 Big Bird、毛公仔也是 Big Bird。更喜歡重複翻看芝麻街英文數數字的片段，跟他一起看書，他不理父母說的故事內容，總是返到書角看該頁的數字，然後自顧自讀數目。

彥三歲多時，妹妹一歲多了，妹妹明顯比彥有反應得多，識講識笑，還會黏著父母玩。彥進了幼兒園，只是跟著同學走，並沒有互動，跟不到指示，也不懂得分享，同學哭的時候，他會上前打同學，幼兒園老師發現彥說話時並不望人，提議父母尋找評估。

彥求診的時候已是四年級的學生，三歲被診斷有自閉症，接受學前密集的各種語言、社交、小組及職業治療師推介的感覺統合訓練，入小學前評定為智商中等。一年級上學期還會離位、周身「郁」、小息周圍走，到下學期已經逐漸習慣了課室秩序，滿以為可以漸入佳境，可是到三、四年級，他不專注的問題越來越明顯。

　　彥上課時總是望著窗外，或者自行入定，忽然自顧自笑了出來，明顯不是聽著老師講課，老師問問題，彥也不是完全不懂，但表現總是飄忽，聽漏指示、忘記功課、遺失課本不計其數，可是彥對有興趣的故事和打機，非常專心，打機時他堅持用同一方法開始及完結，做不到，他又要由頭再來一遍，為了停止他打機，彥不只一次大發脾氣，甚至打人……

　　除了自閉症外，彥有還過度活躍症，他對打機的固執與情緒控制也需要處理。

（7）肚痛總在返學前：焦慮症

　　桐是典型的過度活躍症孩子，七歲時求診已有斷症，教育局的心理專家也評估出桐同時有讀寫障礙，桐父母覺得孩子年紀還小，不願讓她吃藥，寧願接受各種訓練。

　　桐的學習成績按年下降，到四年級時，已是全級最差的那一批，只是試升。父母還留意到桐的學習動機越來越弱，找藉口逃避、收藏功課、或乾脆說不懂、等答案。做功課時的情緒也不穩定，開始大哭大鬧。

　　五年級開學不久的第一次測驗，返學前，桐臉青唇白，投訴肚痛，在廁所裡攪攘很久才勉強趕在測驗前回到學校，成績也是預期中的差勁。在接著來的好幾個月，桐肚痛的日子越來越多，也越來越密，有時還有作嘔、頭暈的投訴，絕大部分都在返學前發作，早上出門返學是桐與父母經常角力的戰場，留在家裡桐便

沒有身體不適。桐沒有上學的日子越來越多，也越來越長，桐父母開始將戰場移至夜晚，上床前已經威迫利誘準備桐明天上學的工作，如是者，晚上、早上桐與父母都是糾纏不休，桐開始投訴晚上也肚痛、頭暈、失眠、發惡夢，桐發夢時大叫「我不做功課！」驚醒了自己、也驚醒了父母。

除了過度活躍症、讀寫障礙，桐還有明顯焦慮緊張的身心症。

（8）他總是沒精打采：抑鬱症

仁是十六歲的中四生，媽媽帶他來的時候，就是說他過去半年做什麼都是沒精打采的，什麼也不起勁，連以往喜歡的運動和彈結他，他也不玩了，整天躲在房裡打機，叫他也沒甚反應，有點兒似行屍走肉的情況。母親勸他兩句，仁便發脾氣，迫得緊、仁更燥，不單鬧交、更會出手，父親看不過眼，大聲制止他，激動中，仁將枱上的電腦拋出窗外，擊中停泊在樓下的名貴房車。

會談時，仁雙眼望地、臉帶愁容，挨在椅背，說話細聲細氣，談話好像很費力氣。

「我不是想打機，只是什麼也不想做，打機可以消磨時間，什麼也不用想。」

「其實我已經睡很多，但起床時總是沒精神，也沒氣力，經常覺得很疲倦，打球也沒有氣力，打得不好，便索性不打了。」

「上課做功課、與同學玩耍，總有點吃力，做什麼都慢半拍，與別人聊天，同學問我為何沒有反應，不懂得笑。」

「好像什麼也不想做，做人也挺辛苦的……」

跟媽媽解釋仁有很多情緒低落的病徵，已經持續半年，與抑鬱症的病狀頗為吻合。媽媽說仁在小學、初中完全不是現在的模樣，隨即在袋裡拿出仁在中小學的成績表與手冊，不同的老師不約而同都說，如果仁可以專心一點，他成績不只這樣、經常欠交功課、做事馬虎。小學老師還說仁經常離開座位、擾亂秩序、上堂喧嘩、多嘴、沒有聽課。

現在驅使仁求診的是抑鬱症，但以往他有過度活躍症。

二 過度活躍症以外

上述的八個案例，都是較常在過度活躍症病人身上發現的病症和困難。無論臨床的觀察，還是大型流行病學研究，一致證實，大概 70% 的過度活躍症孩子，同時有另外一種精神健康問題。表 9.1 列舉了與過度活躍症一併出現比較重要症狀的分類，差不多一半過度活躍症孩子同時有對立反抗症，大概三分一有各種不同的焦慮症，接近五分一有讀寫障礙、語言發展障礙、抑鬱症，其他還有品行失調、眼手協調問題、肌肉抽搐症及自閉症等。

　　細心的讀者將表 9.1 列出一併出現病症的百分比相加，會發現總和並不止 70%，亦即是說，雖然有大概三成過度活躍症孩子是「獨沽一味」，只有此病，其餘七成過度活躍症孩子可以有一個、兩個，甚至更多的不同病症一併出現。

表 9.1　與過度活躍症一併出現的其他問題	
對立反抗症	40-50%
焦慮症	25-30%
語言發展障礙	20%
抑鬱症	20%
自閉症譜系	20%
讀寫障礙	10-20%
品行失調	10%
眼手協調障礙	10%
肌肉抽搐症	10%

　　以最常一併出現的對立反抗症為例，過度活躍症的病發率是 5%，對立反抗症的病發率也是相若，如果這兩種病是完全獨立，他們一併發生在同一孩子身上的機會應該是 5% 乘以 5%，即是 0.25%。實際的情況是差不多一半過度活躍症的孩子同時亦有對立反抗症，亦即是 5% 乘以 50%，即 2.5%。實際一併發生的病發率比完全偶然的機會高出十倍！說明這種病的一併出現並非巧合。

　　美國哈佛大學的 Joseph Biederman 在八、九十年代作了一系列與過度活躍症經常一起出現的精神問題的研究，由孩子開始患上過度活躍症跟進他們的發展，又或者由長大成人的過度活躍症患者回溯他們以往的經歷，兩類研究數據相印證，結論是過度活躍症孩子在成長的不同時期可能出現不同的問題（圖9.2），譬如說行為問題是青少年初期開始出現，而情緒問題則較遲才顯現。當然並非每一位過度活躍症的孩子在成長過程都會遇上圖裡所列的問題，但在不同成長階段尋找可能會有的共生問題，卻是臨床處理上不可不考慮的命題。

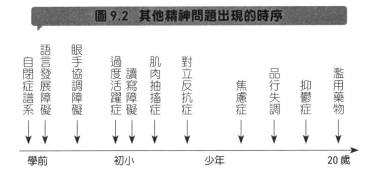

圖 9.2　其他精神問題出現的時序

自閉症譜系　語言發展障礙　眼手協調障礙　過度活躍症　讀寫障礙　肌肉抽搐症　對立反抗症　焦慮症　品行失調　抑鬱症　濫用藥物

學前　　　　初小　　　　少年　　　　20歲

　　在過度活躍症的範疇裡，好幾種病症一併出現的背後原因，在不同症狀上可以有不同的解釋。

　　臨床上經常遇到過度活躍症孩子同時有語言障礙、表達能力欠佳、以往語言發展緩慢、曾經接受語言治療。也有不少同時眼手協調有困難，拋波接波不佳；平衡力差，不能單腳站立；游泳時手腳不能同時運作；小手肌肉運用不靈活，筷子的運用、縛鞋

帶或結紐扣掌握緩慢。很多大型流行病學研究，包括本地研究，也找出這些一併出現的問題。瑞典學者 Christopher Gillberg 更將這三類問題歸類成一種特殊的症狀，認為是腦神經牽涉到專注力、語言能力與協調能力的發展障礙。

讀寫障礙是孩子的閱讀與書寫能力明顯比同齡孩子低，也比他們智力應有的水平差。大概 20% 的過度活躍症孩子有讀寫障礙，高達三分一讀寫障礙的孩子同時有過度活躍症。臨床的診斷上，找出其中一種病症就需要留意孩子是否有另一病症。在最近十年的雙生子的遺傳學研究裡，有不少證據指出，兩者一併出現是由於兩種病症的致病基因有頗多重疊的地方，換言之，同一基因可以同時導致過度活躍症與讀寫障礙。

自閉症孩子有過度活躍、衝動，尤其是專注力不足，是臨床上經常需要處理的問題，大概三分一自閉症孩子有明顯的專注力困難，但由於自閉症孩子往往會沉迷於一兩項狹窄的興趣，譬如非常喜歡恐龍，當他們閱讀有關恐龍的書籍，看有關恐龍的資訊及影像時，無論是如何仔細、艱深或對外人來說非常沉悶重複，他們都是非常專注，甚至能背得滾瓜爛熟，可是一到他們沒有興趣的題目，專注力的缺陷便暴露無遺。自閉症孩子極需要密集式跨專業的訓練，過度活躍、不專注往往足以令訓練帶來不必要的困難，減慢自閉症孩子學習的進度。過動與衝動也令自閉症孩子不容易與其他孩子交往，令他們已有的社交障礙雪上加霜。

過去三十年，美國精神學會堅持自閉症與過度活躍症不能同時並存，即是說有自閉症的孩子，雖然有明顯多動、衝動及專注

力不足的病徵,也不可以診斷為過度活躍症。隨著自閉症的概念拉闊,自閉症變成了自閉症譜系,自閉症譜系與過度活躍症兩者重疊的現象越趨明顯。過去十年在過度活躍症孩子的研究裡找到一、兩項疑似自閉症病徵的報告越來越多,當然絕大部分過度活躍症的孩子並不同時有自閉症,但兩者的重疊促使美國精神學會在 2013 年 DSM-V 的修訂裡取消了自閉症與過度活躍症兩者不能一併出現的規定。取消這個規定,更令相關的研究容易得到研究經費,近年開始出現兩種病症可能有重疊基因的研究報告,相信在不久的將來,可以找到同時令孩子自閉和高度活躍的基因。

妥瑞症與過度活躍症的關係是非常的一面倒,大概每二百個孩子有一個患上妥瑞症,一半妥瑞症的孩子有過度活躍症,三分一同時有強迫症,遇到妥瑞症的孩子,必須留意他們的過度活躍、專注力的病徵。過度活躍症的病發率是妥瑞症的十倍,絕大部分過度活躍症孩子並沒有妥瑞症,大概只有 10% 到 20% 可能有肌肉抽動,由於過度活躍症的求診高峰期是六至十歲,而肌肉抽動或者妥瑞症病發時間一般在此之後,所以臨床上經常遇到在治療過度活躍症一段時間之後,才開始發現肌肉抽動的病徵。

最常與過度活躍症一併出現的是對立反抗症,兩者重疊之多,令一部分學者在三十年前認定過度活躍症只是不聽話、頑皮行為的一部分,雖然這個誤解已經被大量研究推翻,但如何理解重疊背後的原因仍說不清楚。世界衛生組織的國際疾病分類第十版(ICD-10)認為過度活躍症與對立反抗症或品行失調一併出現是一種特殊的症狀,也促使世界衛生組織將過度活躍症的概念收

窄，可是美國精神學會卻將兩種病症分開處理，過度活躍症可以
有、也可以沒有對立反抗症。

姑勿論大西洋彼岸誰對誰錯，過去三十年顯微鏡式分析父母
處理過度活躍症孩子行為的研究裡，發現父母管教上的缺陷，是
導致孩子走上對立反抗症的元兇之一，有趣的是在藥物治療過度
活躍症的病徵之後，父母與孩子的相處變得正常，換言之，對立
反抗症可以是因父母管教過度活躍症孩子失誤而引致的後遺症，
一切由過度活躍症而起，父母也是孩子過度活躍症的受害者！

在西方的研究裡，接近四分一在專科診所求診的過度活躍症
孩子，在青春期後會有抑鬱症，病發率之高令人咋舌。抑鬱症與
青春期有莫大關係，雖然青春期前並非沒有抑鬱症，可是青春期
後抑鬱症病發率明顯增加，以女性尤其明顯。不少研究指出抑鬱
症與性荷爾蒙分泌、孩子的成長、與父母的關係、家庭背景等扯
上關係，過度活躍症孩子的成長經常是滿途坎坷，成績低下，與
朋輩、老師和父母關係緊張，不停面對失敗與沮喪，自我形象低
落，在這種背景長大的孩子，在青春期後患上抑鬱症，是可以理
解的後果。

可是這種想當然的理解，在十多年前已經被美國哈佛大學的
Joseph Biederman 推翻，在他的跟進研究裡，有沒有這些成長上
的挫折與青春期後的抑鬱症無關！近年德國的跟進研究裡，更發現
在統計學上計算了可以導致抑鬱症的一系列高危因素後，過度活躍
症孩子仍然有偏高的抑鬱症病發率，而過度活躍症病徵越多，抑鬱

症出現的機會越大，服用藥物後有效控制過度活躍症病徵的孩子中，青春期後患上抑鬱症的機會隨之減低。德國學者提出了孩子的過度活躍症是可以伸延到青春期後抑鬱症的論點。

💬 臨床的考慮

過度活躍症經常與其他的精神健康問題一併出現，在臨床的處理上，帶來了不同角度的考慮與避忌。

在評估上，在確定過度活躍症的診斷後，就意味著需要評估其他一併可能出現的病症。由於可以一併出現的病症眾多，且涉獵不同範疇，評估上需要的專業知識與技巧，往往超出了只懂單一疾病的要求，只懂過度活躍症而不認識自閉症、各種焦慮症、或對立反抗行為，並不足以駕馭複雜的過度活躍症個案，不少個案更需跨專業的合作，才能做到全面的評估。在理解病情上，往往牽涉到精神病分類、兒童心理、遺傳學、精神科，以及對兒童成長的理解等相關範疇。過度活躍症的複雜性，往往在於它不僅僅是過度活躍症。或者，可以倒轉來說，單純的過度活躍症，是比較容易處理和不難治療的疾病。與過度活躍症一併出現的其他疾病與問題，帶來了不同層次的複雜性。

在科研上，研究過度活躍症並非只是研究單一的疾病，反而似是研究一系列與活動量和專注力一併而來，可能對孩子成長構成障礙和危機的問題。

　　在診治上，不單在評估和治療上增加了如上述的複雜性，更具挑戰的是如何在複雜病情下，設計出可行、有效而又能逐步實施的療程。科學叢刊裡聲稱有效的療法，尤其是各種心理治療，往往在實際臨床面對複雜個案時失色，療效並沒有研究聲稱的那麼明顯。複雜病情的背後，往往有根深蒂固的誤解、長期的衝突和糾纏不清的怨憤，如何在這背景下令父母、老師、孩子和醫生齊心協力向相同目標「起舞」，是個實際需要解決的問題。

　　在藥物處理上，治療過度活躍症的藥物選擇並不多（見第十二章《藥療篇》），但由於可以與過度活躍症一併出現的其他精神健康問題，品類繁多，用藥的考慮與選擇，也變得「多姿多采」了。兩種不同病症一併出現，藥物治療並非單純地將兩種不同疾病的藥物加在一起，需要考慮的不止是藥物之間的相互影響，並存的病症可能減低對藥物的反應，一些藥物可以令另一並存病症惡化，在選擇藥物、調校劑量與觀察病情進度等各方面，需要小心處理。

　　有人說，從一粒沙可以看到全世界。對過度活躍症來說，我們需要了解和處理的，也不止是單一的病症。

父母篇

一 教子方程式

　　管教孩子，與日常家庭、學校生活和社會環境有不可切割的關係。管教，並不是單指父母在家裡對孩子的言行。也不應該像「方太教煮餸」，三份愛心、一份權威，在名校裡，外加週末體藝節目，調理十年，必成大器。孩子的性格、父母的期望、所處環境可以提供的機會，各有不同，又怎可以有一個標準的管教方程式四海通行？孩子，也不是輸送帶上的貨物，每個都喜歡、接受或需要一模一樣的「加工」程序。

　　管教孩子並不容易，處理有問題的孩子更加困難。但是要說明管教過度活躍症孩子的困難和方法，卻比想像中容易。臨床經驗清楚說明，由於過度活躍症孩子有相似的行為特徵，父母在處理孩子行為上的苦惱、遇到的問題和需要解決的困難，經常有相似的地方。所以沿著過度活躍症病徵的脈絡來探討管教這類孩子的問題，反而有跡可尋，相對容易。但需要強調的是，第一，以下的探討是針對過度活躍症孩子的情況，並不適用於不同問題的孩子身上。第二，過度活躍症孩子相似的地方，就是他們都有過度活躍症，但他們可以有不同性格、背景和其他與過度活躍症一併衍生的問題，所以，此文探討的，並不一定適合每個過度活躍症的孩子。第三，管教過度活躍症的孩子，並非三數個建議或方法，就可達到滿意效果，過高和不切實際的期望，只會增加父母與孩子的挫敗感。

四個個案

（1）混亂的彥媽媽

　　彥來求診的時候，已是小六學生，但他的過度活躍症病徵，早在一年級時已非常明顯。過去六年，彥媽媽遍尋「名醫」，但每次所得的「斷症」和「處方」，都不盡相同。一年級的老師最先發現彥的問題，但老師說好動活潑並不是過度活躍症，要父母在家好好管教彥。二年級的班主任擔心彥的學習能力偏低，因而缺乏學習動機和上堂做夢，建議編入加強輔導班和補習社，輔導老師也提供了一些親子技巧的建議。在沒有明顯進展的情況下，彥媽媽在校外尋求社工幫忙，因為彥的朋輩關係惡劣，經常受到排斥，而且性格倔強，社工認為彥有阿氏保加症（Asperger's disorder，一種類似自閉症的發展障礙），建議彥加入社交小組訓練和轉介到專科醫生。兒科醫生懷疑彥讀寫障礙，再轉介他到心理學家那裡評估。兩次共四小時評估的結果是，彥智商120，比一般小朋友還要高，但學習水平偏低，也沒有讀寫障礙，彥在評估時的行為表現，令心理學家擔心他有過度活躍症，建議再轉到精神科醫生。

　　求診的時候，彥媽媽提及過去數年求助過程中各專家的不同斷症與建議，反覆之餘，彥的問題仍未改善，難免感到氣餒，媽媽滿臉狐疑問道：「究竟彥是不是有過度活躍症？」

（2）怡與媽媽的困局

當談到處理孩子的衝動行為時，怡媽媽雙眼一紅，淚水就沒有停下來。怡，七歲，獨女，自出生後，怡媽媽就放棄工作，專心作全職家庭主婦，滿懷期望，相夫教女。三年前小產，為怡添個弟弟的願望落空，夫妻失望之餘，對怡的期望更為殷切。可惜事與願違，怡的過度活躍病徵在幼稚園中班時已逐漸顯露出來。眼看孩子的行為出現問題，怡媽媽放棄一切消遣娛樂，要好好專心教導怡，一天二十四小時的生活也離不開怡的圈子，怡出現的地方，媽媽會追隨左右。怡出現的問題，媽媽即時知道，也會立即處理。逐漸地，怡媽媽每天的工作與生活節奏，跟怡的行為表現、問題的多寡和嚴重性，同步「起舞」，怡的問題變成了媽媽的問題。

不知何時開始，怡的行為與媽媽的管教掛鈎，怡媽媽覺得孩子行為出現問題，就意味她管教不善，對老師談及怡在校的表現，媽媽變得非常敏感，對怡在親友聚餐時的行為，也非常在意，言談間牽涉到怡的一切，也容易牽動媽媽的情緒，彷彿片言隻語都是衝著她而來，親戚朋友避免觸及這些敏感話題，減少見面，怡和媽媽的生活圈子也更窄，會幫助她的人也越少。怡媽媽對過度活躍症的誤解，令她變得孤立。

在家裡，怡媽媽竭力做好一個全職主婦需要的相夫教女工作，怡的成績和操行不好，怡爸爸的半句怨言，令媽媽有失職的感覺，自責之餘，也埋怨丈夫並不體諒和明白她的困難。怡爸爸最常用和當然的解釋，是他的工作繁重，照顧孩子，當然是全職

母親的責任。怡媽媽聽到解釋後，不願跟丈夫糾纏下去。怡的行為問題慢慢地變成了夫妻間溝通的「盲點」，並不是看不到，而是視而不見，不願再提，說了也沒有用。

怡雖然過度活躍，但孩子不笨，知道媽媽面對老師和爸爸的投訴會保護她，但轉頭來，也會對她嚴加管教。數年下來，她學懂了鑑貌辨色，做了媽媽情緒的「寒暑表」，她的行為，也隨著媽媽情緒的變化而起伏不定。怡既需要媽媽的保護與關懷，亦不滿觸動媽媽情緒的「元兇」，更需見機行事，保護自己。

在單獨會面的時候，怡的心願依次是媽媽開心、她自己開心，以及默書一百分。孩子常見的童稚和希冀，變成了內心需索的投射。七歲孩子希望照顧三十多歲的媽媽，照顧者與被照顧的，角色互調，孩子渴望得到的照顧，好像只可排在媽媽的需要之後。雙方在照顧自己與對方的情緒需要中，互相牽動與糾纏，她們的關係，既是密切，也充滿張力。

（3）難以控制的達

達仔與我面談的第一句話，竟然是「媽媽好煩！」我沒有接口，眼神示意他繼續，達接著說：「媽媽每日都有很多要求，很多命令，未做完一樣，又有另一樣，媽媽說話又多，又『囉嗦』，同一句話說幾次，實在好煩！」

在醫院裡，我們發展了一套標準化量度父／母親跟孩子相處時表現的方法，簡單來說，就是要求父／母親與孩子合作，在

十分鐘內完成指定的遊戲，將這十分鐘的父／母跟孩子的互動錄影下來，以三十秒為一單位，將他們說的話、對方的反應和如何處理對方反應，歸納為十多項類型，逐一仔細分析。外國研究發現，這種實驗室裡「定格顯微鏡式」的分析，雖然並不自然，但與家裡的相處表現，有不錯的相關係數。破壞性行為問題的孩子跟焦慮情緒問題的孩子，與父母在實驗室裡量度出來的相處表現，並不相同。

看過達與媽媽相處的評估報告後，發覺達的投訴，並非完全沒有根據，但也並非事實的全部。達媽媽平均每分鐘發出 6.5 個指示，外國研究報告顯示，父母與正常孩子在相似的研究環境下，平均每半小時發出 17 個指示。似乎達媽媽的三分鐘已足以達至別人三十分鐘的境界。指示不單多，有一連串不停的指示：「放好，快些放好，請快些放好。」有不清晰的指示：「請你合作」、「請你乖一點」。合作與乖，在不同的時段當然有不同含義。有問號式的指示：「坐下來，好不好？」也有不可能完成的指示：「將鉛筆放在筆盒裡。」言猶在耳，媽媽已自己伸手將鉛筆放好，達根本不需要動手。

達對媽媽指示的服從性明顯偏低，只有 30% 左右，媽媽發出指示，達有拖延的習慣，五秒過後，遲遲不願跟隨，也促使媽媽需要重複指示。達對清晰指示服從的百分率相對較高，對不清晰指示服從的百分率只及前者的一半。

在二十節三十秒的時間裡，達有四次不恰當的行為，包括大叫、大力丟玩具在地上、離開座位和拒絕合作。達媽媽先後發出

了六次警告，可惜只有三次奏效，能夠令達合作，其餘三次，達並不理會，媽媽也沒有進一步跟進，似乎大家都對警告並不當作是什麼一回事。

達並非完全不合作，可是在他服從指示後，達媽媽並沒有相應的表示，在十分鐘的相處裡，媽媽平均每分鐘只有兩次表示關注達表現的話：「就快要完成啦！」每兩分鐘也沒有一次讚賞：「做得好！」相反，當達專注在遊戲的時候，達媽媽習慣說：「不要敲枱面」、「腳不要動」、「坐直」，這些指示，不單沒有幫助達繼續集中原來的遊戲，卻經常惹來達表示不滿的「哼」、「唔」、「yeh!」和故意相反的動作。

達與媽媽在這十分鐘的相處，並非特殊情況，相反，在很多過度活躍症，尤其是過度活躍症加對立反抗症的孩子與母親相處上，可以觀察得到。過度活躍症的病徵，經常令父母在處理孩子日常生活上相當頭痛。專注力短和容易分心的表現，令父母需要不停發出及補充指示。衝動和多動的行為，容易令人注意，也刺激父母發出連串「不准……」等負面的命令。由於孩子記性差，平常一句簡單指示可以完成的工作容易變成需要重複、聽來「囉嗦」的說話。做事「亂籠」和速度緩慢，也會令父母「幫」孩子做了他們本身的分內事，令孩子養成倚賴的習慣。長時間差強人意的工作表現，不單令父母對孩子失去信心，也令孩子對父母不停重複的指示，產生抗拒。父母不容易讚賞一個工作表現欠佳兼且不願合作的孩子，逐漸地，孩子的眼中，媽媽只有批評、無盡的命令和指示，沒有其他，反抗也越來越明顯。

達與媽媽過去幾年相處的困難，或多或少，有意無意間，都濃縮在這十分鐘的剪影裡。

（4）被縛的波仔

跟波仔媽媽面談的時候，我努力嘗試將眼前的女士與社工轉介信裡談及兩個月前用繩索將波仔縛在椅上的同一個人聯繫起來。

波仔，八歲，小二學生。以他在診所裡的表現，可以算是近年來最坐不安、最嘈吵、最沒法靜下來專心談話的孩子。

波仔媽媽是外省人，廣東話說得不準，說話大聲急促，不單只快，語氣也強；說話時七情上臉，笑起來在診症室外走廊的盡頭也聽到；咬牙切齒的時候，面露青筋，口水經常噴到我的紀錄上。罵波仔的時候，她的呼喝也好像是衝著我而來。跟她談話，與跟波仔玩一樣，非常吃力，很快就令人疲倦。

波仔媽媽並沒有因為社工說她虐兒而感到歉疚，相反她大聲辯駁說，不將波仔縛在椅上，也就無法令他坐下來做功課。她投訴社工只懂說不懂做，更挑戰說讓波仔給社工教也會有相似下場，更列舉波仔妹妹作例子，引證她其實是疼愛孩子的母親。在這一點上，社工和我的看法，非常一致，媽媽對波仔日常的照顧並不缺乏，母子關係，在呼喝聲中帶著溫暖。

幸好，波仔被縛，並不是經常發生的事情，從波仔與媽媽口中了解事情的來龍去脈、日常管教的方法，問題的輪廓也逐漸清

晰起來。波仔媽媽本身是性急、好勝和「要話事」的人，教導循規蹈矩的波仔妹妹，並沒有問題；可是波仔過度活躍的行為，經常與媽媽的管教方法有衝突，波仔毫不妥協，想做就做的衝動性格，令媽媽極為頭痛。但最令媽媽氣憤的是波仔不停在外闖禍，學校老師無休止的紅筆和警告，同學對波仔的排斥，其他家長向學校的投訴，在遊樂場與陌生小朋友的爭執，在商場失蹤尋人的麻煩，和亂衝馬路的擔心等，都令波仔媽媽覺得孩子帶來不必要的尷尬，令她蒙羞，活像在外人面前證明她管教無方。好勝逞強的波仔媽媽，既氣餒，又氣憤。從媽媽的眼中，波仔的過度活躍行為是屢勸不改，逐漸令媽媽覺得波仔是故意挑戰她的權威，有意令她在外人面前「丟臉」。由管教行為問題的沮喪，變成憤怒，也逐步投射到波仔身上。媽媽認定波仔的行為是衝著她而來，對波仔的懲罰與孩子帶來的難堪好像掛了鈎，成了正比。被縛當日，波仔正正在學校闖了「大禍」。

三 父母的感受

　　清楚認識和把握自己的情緒和感受，是父母幫助過度活躍症孩子的重要一步。外國研究和本地臨床經驗一致指出，父母受情緒困擾，往往影響管教方法和直接降低管教效率，管教跟情緒一樣飄忽的時候，令孩子無所適從。盛怒時的晦氣說話和過激行為，往往不是心平氣和時的言行，孩子的問題，更不是打打罵罵就可以解決。

愛、恨、憤怒、焦慮、失望、無助，都是每個人都會經歷到的情緒，面對自己的至親，這些感覺當然會更強、更直接。臨床上從來沒有需要提醒父母要愛自己的子女，卻經常要設計不同的方法去處理父母子女間的負面情緒。好像大家都習慣了愛是理所當然的，不容易接受也非常選擇性地希望自己只有眾多情緒感受中那一細小而美妙的感覺，亦期望別人對自己也是如此。愛子女的同時，父母也應該學懂如何面對自己的負面情緒，愛與恨，發乎自然，也是自己的一部分，既要接受，也要處理。

每個孩子都有他們與生俱來的脾性與氣質，有兩個孩子的父母最清楚明白這一點，同是自己所出，兩個孩子的脾性行為可以相差甚遠。父母也有自己的性格、各自獨特的孩童經歷和對孩子不同的期望。每個孩子的成長都會為父母帶來不同的喜悅、滿足、希冀、焦慮、擔心和失落。過度活躍症孩子的行為特徵，往往構成成長上的一大障礙，父母感受到的壓力與沮喪，正正說明此症的特殊困難。我們既不是特別能幹的父母，卻遇上了行為上甚為特別的孩子，雖然大家都全力以赴，接受挑戰，在漫長過程中，出現困難和失望是可以預期和理解的。在過度活躍症孩子的成長路上，父母需要學懂和接受孩子的行為是可以勝過我們的管教能力而*毋須過分困擾和情緒波動*，在適當的時候，父母與孩子都要領略「贏」和「輸」的處境，這也是成長的插曲。

過度活躍症孩子的父母遇上的另一類困擾，就是身邊的親朋戚友往往給予不同的建議，甚至相反的意見，令他們無所適從。吃藥還是不吃藥？應該留在孩子身邊督促他們做功課還是做完所

有功課才開始檢查？讓他獨自執書包並承受做不好的結果還是設計幫助他完成工作的步驟？類似的問題，不一而足，正反意見都有。父母需要認識到的是，給予意見的人，可能出自良好意願，但未必明白孩子有過度活躍症，更不知道這個症狀的行為特徵。他們的意見往往由處理普通孩子行為的經驗中累積而來，雖然寶貴，但未必適合過度活躍症的孩子。建議採用與否，當然是父母的決定，建議的好與壞，最簡單和直接的評核，就是孩子的問題有否改善，這也是「捉到老鼠就是好貓」的最籠統應用。至於不相熟朋友，在並不了解孩子問題的情況下，給予的批評和毫無建設性的意見，甚至誤解父母讓孩子吃所謂的「懵仔丸」。對於這些言論，父母聽了就可以，不需要因此介懷或遷怒於孩子。

不少香港家庭父母都要外出工作，年幼孩子日間需要由祖父母照顧，三代人在處理過度活躍症孩子的看法與手法經常並不一致。臨床上見過不少過度活躍症孩子憑著一點小聰明，就可以拉一派打一派，倚仗祖父母的溺愛，逃避父母的管教，由於父母極度倚靠祖父母對孩子的日常照顧，也改變不了老人家的性格，孩子的問題往往不了了之。

大部分老人家會認為過度活躍症是頑皮、「百厭」，並不認識這種病，往往反對用藥。就算勉強同意，很多時會在孩子面前批評父母用藥的決定，然後鼓勵孩子乖一點就不用吃藥，孩子容易誤會，藥只是父母懲罰他一種手段，繼而產生抗拒。

處理祖父母的問題說來容易辦時難。父母首先要有清晰的方法與立場，才容易對自己的爸爸媽媽談教孫的方法。多溝通、多

商量，讓老人家沒有「被指導」的感覺，不妨帶祖父母一起與孩子覆診，讓醫生解釋病情與治療，容易統一觀點。最重要的，當然是製造成功機會，讓各人看到孩子的進步，也令三代人齊心協力克服過度活躍症帶來的種種問題。

四 日常生活處理的建議

對大部分過度活躍症孩子的父母來說，跟著談到處理日常生活的建議，或多或少都曾經做過，但在診症室裡，這類問題不斷重複，所以仍有討論的需要，要說明的是，這些建議並不是就能完全解決過度活躍症孩子的日常問題，但對於愛惜孩子的父母來說，每一個能夠幫助孩子成長的建議，他們都會樂於考慮。

（1）妥善安排工作環境

過度活躍症孩子往往需要一個清靜和不受騷擾的工作環境，工作間的設計包括一張屬於孩子的書桌，切記書桌只是用來做功課溫習，嬉戲玩耍應在其他地方，讓孩子清楚知道和習慣，書桌就是工作的地方。如果環境許可，將書桌放在房間的一角，椅子的靠背要挨著牆壁，父母坐在書桌的側邊，這樣孩子就不易離開座位。書桌桌面要簡潔，桌上的電腦、貼紙、小玩意、相片、日曆、筆架、書信架等，應全部移走。椅子的高度，應以孩子雙腳可以到地為準。平常辦公室裡可以在地上滾動和轉圈的辦公椅，對過度活躍症孩子並不適用。

工作時書桌桌面應該僅僅只有孩子當時需要的東西，書包、其他功課、筆盒也不應在桌面上。做功課時一支鉛筆就足夠，多餘的筆和文具只會吸引孩子把玩。日常文具應該儘量平實，太過花巧的間尺、鉛芯筆、膠擦可作玩耍，並非用來工作。

有些年青人喜歡聽音樂做功課，在過度活躍症的文獻上，亦有提及到部分孩子在完全寂靜的環境下工作，專注表現並非最好，家長不妨觀察孩子在有背景音樂的環境下，是否表現更佳。至於吵耳的音樂、令人手舞足蹈的節奏，或令孩子過分投入一起唱的流行曲，可能只會令人分心。

（2）設計工作程序

為免進一步分薄過度活躍症孩子的專注力，在同一時段內，孩子應養成只做一事的良好習慣。玩耍時，可以每件玩具輪流替玩而不應同時把玩幾件玩具。看電視時就應收起玩具。吃飯就要關上電視。一些要求非常集中精神的工作，如做功課，可考慮先設定工作時段，比如說每次工作二十分鐘就可以休息三分鐘，休息的時候，可以讓孩子去洗手間、飲水、吃點心，亦即是說在工作的二十分鐘裡，再不應有這些慣常離位的藉口。

工作時間的長短，可以因應孩子的專注力和工作要求而定。如果孩子的專注力只有十五分鐘，要求他們做一小時才准休息，孩子完全無法達標，容易令他們感到氣餒、挫折、不願合作。只適量要求孩子做到他們能力以內的表現，多點鼓勵與欣賞，令孩子有多點成功感，增加他們克服不專心的決心。

功課不妨由容易的開始，完成後，才開始困難的功課，一節後再轉到容易的功課，這樣一容易一困難的節奏，能夠幫助孩子持久工作。

（3）建立日常生活習慣

針對過度活躍症經常出現雜亂無章的工作表現，父母可考慮設計一套日常做事的程序，例如先刨好鉛筆才開始做功課，先洗手才吃飯，建立每天執書包的方法等，讓孩子養成良好的工作習慣。

儘量設計劃一的時間表，尤其是課餘和週末的時間表，將不同性質的工作和嬉戲區分起來，讓孩子清楚知道每天每個時段他應做的工作而毋須每次爭拗現在應該看電視還是做功課。時間表的設計應該與孩子商量，切忌一意孤行，也毋須過分仔細，應該儘量做到先工作後嬉戲，無論功課多少，每天都應有孩子可以休息玩耍的時間，日復一日無止境的功課與溫習，只會增加過度活躍症孩子對功課的厭惡和抗拒。工作與休息的時間安排，要考慮到孩子的精神與身體狀況，要過度活躍症孩子在疲倦的時候專注做功課將會非常吃力。制訂時間表的同時，也應預設修訂時間表的程序。

有服藥的過度活躍症孩子，尤其服用刺激劑的，由於藥效時間有限（見第十二章《藥療篇》），工作時間表的安排不能不與食藥的時間掛鈎，簡單來說，有藥效的時間就是專心工作的時間；如果藥效在晚飯後逐漸消失，孩子工作的時間應該在放學後到晚飯前，晚飯後可安排輕鬆玩耍的節目。

　　需要工作的父母經常發現只靠打電話遙控孩子放學後在家中工作並不容易，晚上才開始工作，不但錯過了最佳工作時間，很多時亦困難重重，父母不妨考慮讓孩子留在學校在適當督導下完成功課才返家，需要時亦可考慮補習老師的幫忙，讓孩子建立適當的工作習慣與節奏。

　　尋找補習老師幫忙的另一極端，是孩子只在補習社工作，數年下來，從不需要、也沒有習慣在補習社以外的地方做功課、溫習。逐漸地，孩子回家就是玩耍的時間，抗拒任何工作。為免出現以上問題，雖然大部分工作在補習社裡完成，父母需要考慮建立孩子在家裡工作的習慣，孩子專心工作的能力，不應該只局限在某時某地。

　　除了需要專心完成功課和溫習外，建立良好的生活習慣，還包括起居飲食的日常運作。但過度活躍症孩子在這些範疇上，經常遇到不大不小的困難。過度活躍症孩子經常賴床，不願起身，也逃避面對返學的困難。為了準時返學，由起床、梳洗、換校服、吃早餐的過程，可以是非常「勞氣」，部分父母更將自己變成「人肉鬧鐘」、替孩子換衫的機器，孩子起床遲到變成了父母的問題。與其父母肩負孩子起床的問題，不如由孩子學習承擔賴床出現的自然後果，讓孩子學懂承擔責任，不可推卸給他人。如果賴床的原因是習慣性晚上遲睡或學校生活的困難，便需對症下藥，解決問題背後的原因。

　　一頓飯也可以令過度活躍症孩子父母頭痛，常見的問題包括不停走動、不停說話、吃飯時間過長、堅持邊吃邊玩耍邊看電視、經常碰跌杯碗等。雖然孩子年紀已經不小，但父母擔心孩子營養不足，仍捧著碗追著孩子餵他。過度活躍症病徵當然可以在吃飯時候出現，影響孩子的餐桌表現，除了藥物治療外，環境上父母不妨考慮讓孩子坐在餐桌角落；進餐環境宜清靜；避免同時進行多項活動；餐桌桌面只擺放必要的餐具；與其不斷拖長進餐時間，不妨考慮限定最長用膳時間，寧願少食多餐，讓孩子有機會補足需要的營養。

　　不少過度活躍症孩子不願意晚上上床睡覺，一方面可以是因為藥物（刺激劑）的副作用令孩子不易入睡，另一方面也可以是過度活躍症病徵令孩子不易安靜下來入睡。睡眠是眾多生理時鐘之一，近年的研究顯示過度活躍症孩子不但入睡困難，睡眠時間較正常孩子為短，睡覺時候身體活動量更比普通孩子為高，他們的生理時鐘可能與眾不同。要建立穩定的睡眠節奏便需按時睡覺及起床，假期、週末的作息時間與返學時間不可相差太遠，儘量避免午睡，睡前活動儘量靜態，避免刺激，若果是藥物引起失眠的問題，便需要與主診醫生商量對策。

（4）日常相處的考慮

　　父母遇到的另一個問題就是要經常重複指令給「發白日夢」的孩子，父母可考慮先取得孩子的專注才給予指示。先叫孩子名字，如果沒有反應，父母應站在孩子身旁，輕拍孩子，再叫名

字，要孩子暫停他手上的工作，與父母有眼神接觸，才給予指令。指令需要清楚、簡短，最好可以即時執行，儘量避免負面的指示，與其說「不准站起來」，倒不如說「請你坐下來」。發出指示後便需要跟進，直至孩子完成指示，讓孩子清楚感受到父母認真執行指示的態度，也減少重複、「囉嗦」的感覺。

家庭裡一般有一些不成文的規矩，例如不可以塗污牆壁、不准攀爬窗花、不可以玩電掣等。過度活躍症孩子，經常有意無意間犯規。父母不妨考慮訂下一些家居守則，鮮明地張貼在孩子看到的地方，嚴格執行。家居守則切忌過多，孩子在能夠遵守一些基本守則一段時間後，守則可逐步更換。與給予指示同一原理，守則與其說「不准塗污牆壁」，不如寫成「保持牆壁清潔」。

過度活躍症孩子除了在家裡和學校遇到困難外，在課餘活動、商場、朋友家裡，甚至過馬路、排隊輪候，也可以「闖禍」。父母不妨預先設計和排練一下出外的程序，有效的預防計劃總比「闖禍」後的處理更值得花費心思。出外前，孩子應該知道活動的時間、地點，和對他的行為的要求。在抵達目的地後，再跟孩子清楚重複一次對他的要求。需要與孩子商量好一套預設的溝通方法，如何提醒孩子遵守已同意的行為要求。過度活躍症孩子通常在人多、嘈吵、雜亂的地方，行為表現較差，不妨考慮較少到這些地方玩耍，又或者只是短暫逗留。

如果孩子與朋友玩耍，經常吵鬧收場，可以考慮減少一起玩耍的朋友數目，縮短逗留時間，在發生吵鬧之前離開，讓孩子與

他的朋友都有美好的相聚回憶，增加下次聚會時大家珍惜和睦相處的機會。

過度活躍症孩子並不容易在沉悶的時候乖乖的坐下來，相反，他們經常在茶樓裡走動，在排隊的時候，爭先恐後。在可預見的情況下，可以考慮帶備幾種孩子有興趣的小玩意外出，幫助他們打發沉悶的時間而不會「鬧事」。

處理孩子的脾氣，需要考慮下列的幾項大原則。第一，儘量在脾氣開始的時候，或者快要開始的時候處理，要孩子在面紅耳熱、心跳急促、手心冒汗的情況下平靜情緒，並不容易。第二，大人的處理手法要一致，不少孩子在祖父母或父母親一方的縱容下恣意對另一方發洩情緒，父母在孩子面前為管教的手法吵罵，甚至打架，不單無濟於事，更令孩子的情緒不穩，在處理孩子的脾氣上，父母需要是一致行動的拍檔。第三，無論何時何地，處理脾氣的手法要一致，為怕尷尬，在商場裡、外人前，對孩子脾氣的讓步，容易招致下次在相同處境下的另一次脾氣。第四，父母儘量心平氣和解決孩子的脾氣，這樣父母不單以身作則讓孩子感受到可以平靜地處理情緒，也避免因父母的情緒反應令孩子更亂。父母在開始感到氣憤的時候，不妨考慮與正在發脾氣的孩子分開冷靜一下才作處理，換言之，處理手法並不會因為父母的情緒而改變。第五，孩子在發脾氣或父母在氣憤的時候，並不是教導孩子的適當時間。解釋和訓導，應在脾氣之後、心平氣和之時進行，氣在心頭的時候，孩子並不容易清楚理解、分析，更遑論接受父母的解釋，父母的教訓也容易有火上加油的效果，有些孩

子更可能誤會父母只在他發脾氣的時候才跟他說話。簡單來說，父母在處理孩子脾氣時最需要做到的是給予空間和時間讓孩子學懂快點冷靜下來。第六，平靜之後，需要與孩子檢討剛才發生的問題，讓孩子學懂用說話去表達他的不滿和困難，而不需要發脾氣，然後父母與孩子商量如何恰當處理剛才因發脾氣而產生的後果，包括收拾打翻的東西或者道歉。最後，父母需要留意孩子的脾氣是否有特定的原因，不少過度活躍症孩子是在做功課時發脾氣，這可能與孩子沒有專注力和厭惡長時間集中工作有關，需要考慮的，也不只是處理脾氣那麼簡單了。

（5）培養適當興趣

由於專注力短、過動，很多過度活躍症孩子並不喜歡靜態活動，相反，一些不需要專注的興趣如追逐、打機、看電視，他們都樂而為之，甚至不願意停手。臨床上見過不少過度活躍症的年輕人經過幾年下來的打機習慣，所有空閒時間就是打機，完全沒有其他興趣，打機成癮，為此而經常與父母衝突。

培養興趣並非一朝一夕，與其不准打機，倒不如在孩子年紀還小的時候，讓他嘗試更多不同的運動、興趣，找到他們比較喜歡的，花點時間訓練，給予機會讓他們做得比朋輩好一些，找到一點成功感，以及朋友的認同，用這一項健康的運動與興趣，取代單一沉溺的打機習慣。

老師篇

 老師的觀察

　　有經驗的老師，對於辨認坐不定、周身「郁」、衝動、不專注、容易分心，和經常大意犯錯等行為特徵並不困難，很多臨床個案引證典型的過度活躍症學生在小一上學的第一個月裡，已被老師認出問題所在，正正因為老師的豐富經驗，亦有全班同學的表現作為參照標準，而學校學習更是過度活躍症病徵典型出現的場所，美國精神學會在八十年代制訂過度活躍症的斷症守則時曾明確說明老師在學校的觀察比父母在家裡的觀察更為可靠，也應優先考慮。過去二十年的研究，對於如何理解過度活躍症病徵在不同環境下（如學校、家中、遊樂場所等）出現的原因和引申的含義有頗為曲折的爭論，但到今天，老師的觀察和描述孩子在學校──尤其是課室裡──的行為表現，仍然是斷症的一項重要資料和指標，很難想像過度活躍症孩子在學校裡完全找不到應有的行為特徵。

　　雖然辨認過度活躍行為特徵並不困難，但老師在理解和處理上的差異卻可以很大。歷年來，在診所裡觀察、到教育局開會，又或者在學校、醫院跟校長、老師、社工討論個案的進展和合作時，有不少令人鼓舞的成功個案，也有令人氣餒的失敗例子，我們檢討失敗經驗，再介紹一些老師成功處理的方法。

四個個案

（1）與老師鬥氣的民

　　由四歲到現在的十四歲，患有過度活躍症的民，經歷過不少起落。民現在已是中二學生，回顧過去，民與媽媽都覺得三年前，在五年級的時候，問題最為嚴重。五年級的班主任黃 Sir 是嚴格的老師，對學生有一致相同的要求，對於維持課室秩序尤其重視。五年級一開始，頗負「盛名」的民已經被黃 Sir 另眼相看，民的舉動，只要稍為越軌，便招來黃 Sir 的注意。班主任的用意，當然是想儘快將民的行為納入正軌，但民卻覺得黃 Sir 非常嚴厲，稍動一下已引來黃 Sir 的眼光、教導，或者家課冊裡的紅筆。開學不到一個月，民覺得黃 Sir 只有興趣找他的問題投訴和令他在同學面前出醜，被針對的感覺令他原本已不容易接受勸告的性格更是反叛，拒絕合作、不抄手冊、漏交功課，和在課室上故意搗蛋。黃 Sir 覺得他的權威受到挑戰，更越發嚴厲，也招來民更大的反抗。上學期還未完，雙方由勢成水火到不瞅不睬，大家都視對方「透明」，更不時有突如其來的冷嘲熱諷。有趣的是，民「恩怨」分明，在黃 Sir 以外的課堂表現，雖然並不專心，也有多口，卻不會恣意搗亂。到了六年級，轉了班主任，也改變了處理手法，民的課堂行為問題才得到紓緩。

（2）「懶惰」的亮

老師對於過度活躍症的接受，反應不一，跟父母一樣，拒絕接受這個症狀的老師偶亦碰到，亮是其中一個案例。亮是小三學生，由教育心理學家轉介到來，評估清楚顯示亮是過度活躍症的小朋友，可是亮媽媽卻報告說亮雖然被老師投訴，但班主任強調亮只是正常好動的那一類，並不是病。亮進了醫院的日間中心作評估，十個下午的觀察，清楚顯示亮的過度活躍症病徵。可是，根據班主任交回的問卷，統計後發覺老師對亮的行為評分比正常同學還要好！另一方面，亮的手冊寫滿了不專心、離位、漏交功課等老師的紅筆。醫務社工聯絡班主任後，得知亮在班房裡的確有過度活躍行為特徵，但在他有興趣的課堂裡，亮的表現可以較好，班主任認為如果亮有能力做得好而不做，這不是病，只是懶惰。可憐的亮，因為有一兩次表現較佳而被認定每天都應該可以有超乎平時水準的表現。醫生建基於行為特徵斷症的準則亦變成了老師對學生動機的評估。

（3）「正常化」的敏

將過度活躍症學生正常化，也是不願意接受這個病症的另一形式的表現。敏開始求診的時候，在課堂行為的表現和學習簡直是一塌糊塗。三年下來，經孩子、敏媽媽和老師的努力，敏的行為有明顯的改善，升到了五年級，班主任告訴敏媽媽，敏已經長大，應該學懂獨立工作，一下子將過往三年行之有效的一套課堂工作守則修改，以往與隔鄰同學對家課、老師預留時間抄家課

冊、老師與家長的每週通訊、好孩子計劃和晚上父母監管下的執書包，全部變成敏需要獨自做好的項目，不消一個月，敏的家課冊不斷寫有老師的投訴。

如何幫助過度活躍症學生成長，一方面不會以病症為藉口而缺乏應有的承擔和挑戰，另一方面又能照顧到他們因病症而引起的特殊需要，是個不容易拿捏準確的難題，也沒有一定的方程式去計算。過往的進展、現在的表現、環境的限制、老師的經驗、孩子的意願、以往的評估，都是參考因素之一。可是，完全無視過度活躍症帶來的問題和需要，只當作是一般普通孩子去處理，並不是幫助這些孩子的最佳辦法。

（4）需要轉校的雲

雲，六歲，小一學生，獨子，父母都是大學畢業生，接受雲有過度活躍症，但反對藥物治療。雲進了日間中心，評估後，分別接受了針對過度活躍症而設的行為治療小組和控制衝動訓練，父母因工作忙碌，未能加入管教工作坊，但父母一向處理孩子行為的手法並沒有大問題，對於各種訓練的建議，雲父母非常認真也很投入，每次覆診，總會交回上次建議的「家課」。可是一年過去，雲的進展還是差強人意，反覆思量，父母開始向學校與診所探討服用藥物的需要。學校的反應比想像中強烈，開宗明義表示反對學生服藥，更加反對學生在上學時間服藥。父母開始時跟班主任商量，繼而與輔導主任、副校長、校長會面，得到的印象是學校認為用藥物去「控制」學生的學習有違他們辦學宗旨，校

長明言過往二十年沒有一個學生需要服用此類藥物，更暗示有違辦學宗旨的學生可能需要轉校。校方的強硬態度，令父母有意想不到的反彈，目睹一年心血並未能解決雲的問題，相反雲的水平跟同學越拉越遠，而學校也提不出更有效的解決方案。父母的立場由反對用藥，到接受建議，再轉變成積極游說校方一試無妨的態度，經歷數個月的拖拉討論，各方終於同意一套客觀評估用藥效果的方法，就是由家長監管雲服藥，清楚紀錄服藥的日子，學校老師、家裡傭人、醫院日間中心的護士，在不知情的情況下評估雲當日的行為表現，數個星期後，翻開服藥和評估紀錄，發現三方面的觀察都同意雲在有服藥的日子表現明顯較好，過度活躍症的病徵也較少，經此一役，老師與父母都看出雲可以進步的一面，同意雲服藥之餘，也協調出幫助孩子的方法。

對於不願意處理過度活躍症學生的學校，最常見的解釋是忙。其實老師都明白處理一位問題學生花的時間心血不少，但讓問題惡化，將來處理時便需要花更多的精力。

另一個經常聽到的解釋就是學校沒有資源。曾經出席過一次難忘的會議，由開會的第一句話到個半小時後會議結束的總結，校長都在強調校方沒有資源處理一名正在醫院求診的過度活躍症學生，與其墮入強調學生需要與學校辯說沒有資源的「攻防戰」的泥沼裡，我反過來問在完全理解學生的需要和學校有限資源的情況下，校方覺得什麼是可行和可以做到的？得出的竟是連續兩分鐘的沉默！原來該位校長完全沒有準備去幫助我的病人、他的學生，好失望！

　　當然，清楚表示過度活躍症學生應該入特殊學校的意見也聽過，幸好，這類意見越來越少，過度活躍症在學童裡的病發率是3% 至 6% 之間，一個四十人的班，可能找到一至兩位過度活躍症的孩子，我們需要多少間特殊學校去照顧這些學童呢？特殊學校又是否最適合的選擇？處理過度活躍症學生的學習又是否主流學校不能照顧到的？

三 幾點建議

　　跟父母管教子女一樣，老師的教學並沒有一套放諸四海皆準、適合每位學生的方程式，但在處理過度活躍症的學生上，因為他們都有相似的行為特徵，教學的考慮，不妨由這些問題入手，設計可行的教學方法，然後再作評估（表 11.1）。

表 11.1 教學上的幾點建議

一、恰當編排課室座位	六、利用多媒體、互動教學
二、容許活動的時間	七、給予簡短、清楚的示範與跟進指示
三、選擇性讚賞	八、訂立清晰明確的常規
四、鼓勵恰當的參與	九、按部就班建立日常工作習慣
五、給予適當刺激	十、適當調校工作量與時間

　　坐不定、離座和周身「郁」都是過度活躍症的特徵，在低班的同學裡，尤其明顯。在班房座位的編排上，避免將學生座位安排在另一個過度活躍症學生的附近，儘量坐在課室較前位置靠近老師，方便近距離控制，可以的話，容許學生有較大的空間。對不自覺和不太影響班房秩序的動靜，不妨不予理會。在設計課堂的時候，可以考慮加入一些容許身體走動的時間，讓孩子有合理而又不妨礙課室秩序的情況下伸展一下。很多「坐不定」的同學，非常樂意幫老師收功課，或派發工作紙，在「合法」離位的同時，又積極「遵守」課堂秩序。在每天緊密的學習時間表裡，需要有適量的活動時間。在沒有調劑下，要求過度活躍症學生一堂緊接一堂，日復一日，在班房坐定定學習，可能是不容易達到的目標。

　　過度活躍症學生在課室的另一表現就是嘈吵、多口、多說話。對於不舉手衝口而出的說話，老師可以不予理會。相反，當學生舉手時，不妨多加留意。選擇性讚賞學生平靜學習的時間，在恰當的場合和時機，老師可以主動邀請過度活躍症的學生參與和答問。與學生預設一些手勢，令學生明白老師示意他需要安靜下來。多說話也可以是環境太多刺激，或者遇上不明白功課的表現，老師需要留意環境上的誘因，加以調整。

　　專注力短暫，幾乎是每個過度活躍症學生都有的問題，也是在課室學習裡最容易暴露出來的困難，在沉悶、重複和要求長時間專注的情況下，最為明顯。在課堂的處理上，利用多種教學媒體、顏色鮮艷的圖表、變化多端的教材、新鮮的題材、明快的節

奏、互動的教學方法、即時和頻密的回饋，都有助提高學生的專注力。需要集中聽課的時候，可以多一點行近學生的位置，輕觸學生的書桌或肩膊，示意加倍集中和鼓勵。內容較長的工作，不妨分成數個較短時段，在開始的時候，將工作加以示範，讓學生容易把握工作要求，也更快地開始需要的工作。

容易分心是很多過度活躍症學生常見的問題。座位編排儘量離開門口或窗口的位置，最好可以安排到容易與老師有眼光接觸的座位。分心的原因可以很多，在大班裡，人多嘈雜和混亂的環境，都可以有太多令學生分心的事物。在單調缺乏感官刺激的環境，過度活躍症學生容易發白日夢。只有恰如其分的環境，配合適量的工作，在學生學習能力之內，保持學習興趣和多參與，分心的問題才容易解決。

在課室裡，對過度活躍症學生給予指示，可以考慮如下的步驟。首先面對學生，要有眼光接觸，示意靜下來，才開始指示。用自己的聲浪蓋過學生的說話來給予指示，通常都沒有滿意的效果。指示需要簡短、清楚，最簡單的測試莫過於可以試將指示在平常說話速度中一口氣說完。要求學生重複指示，為確保學生明白工作的要求，可考慮開始工作時作示範。給予口頭指示後，最好簡單寫下指示，留一點線索繼續提醒學生需要完成的工作。跟進每一項指示，讓學生感受你認真的工作態度。學生能否完成指示，也幫助老師重新釐定下次指示的要求水準。過度活躍症學生經常未能完成指定工作，所以指示的工作，最好是在學生能力範圍內，複雜的工作可分成幾個簡單指示，逐步完成。每一次細小

的成功經驗都可以提高學生的學習興趣和動機，增加自信和下一次合作的機會。

針對過度活躍症學生做事沒條理的特徵，老師在課室管理和運作上，更加需要清晰的系統。不妨在課室裡貼上幾條具體和必須遵守的課室規則。上課時間表可以在班房顯眼的地方掛出來，每天工作與休息的時間要有一定的重複性，讓孩子容易熟習跟從。如環境許可，可考慮將班房設計成不同特定用途的角落，例如交功課的地方、繪畫角、圖書角等。簡單來說，在行為規則、作息時間和地方運用上，都有清晰明確、可預計的常規和系統可以遵從。

做功課，經常是過度活躍症學生厭惡、老師頭痛、家長發惡夢的難題，並沒有簡單有效的解決方法，以下是一些粗略的原則供老師參考。第一，學生在開始工作經常遇上的第一個問題，是忘記帶課本、工作簿、或遺失了鉛筆、膠擦、間尺等應有的文具。除了在學生的物品上蓋印記認之外，課室裡應預留額外一套書本文具作不時之需，課室備用的文具切忌簇新吸引，最好是曾經用過不太美觀的，以免學生養成丟失後又可用新文具的壞習慣。第二，很多過度活躍症學生沒有抄家課的習慣，只憑記憶工作，結果當然是做漏功課。要養成抄家課冊的習慣，並非易事，可以考慮預設抄家課冊的時間，建立抄家課冊的常規，例如必須具體寫下家課的內容、次數和期限。切不可單靠口述。利用朋輩的支持，與隔鄰同學對家課冊，最簡單的步驟，可能是讓過度活躍症學生向鄰座同學匯報一遍抄下家課冊的內容，既可確保抄下

家課，也令需要幫助的學生多一點責任感。第三，家課冊除了每天各科要做的功課外，可考慮加上需做事項一欄，方便寫下功課以外的工作。將家課冊內每月或每星期的特別日子圈出來，提醒學生要帶／交回平時以外的功課。第四，學生的功課和工作紙，與其任由逐張丟失，不如分科放進不同顏色的紙夾裡。第五，為確保過度活躍症學生明白要做的功課，可考慮在課堂上要求該學生先示範一次，或在功課的頭一段預設提示。第六，對於經常交回馬虎、潦草、大意功課的學生，老師不妨首先示範功課要求的水準，再選擇性地讚賞達標的功課。需要說明的是，工作水平飄忽不定，是過度活躍症常見的特徵。要求太高，效果可能適得其反。還可考慮設計一套簡單檢查功課的步驟，開始時由老師／家長與學生一起檢查，特別獎賞有檢查過的功課，當學生掌握技巧後，逐步轉變成學生自我監察檢查。最後，由於過度活躍症學生的專注力缺陷，他們在做功課時所需要付出的時間和精力，比普通同學的要多，在課堂上工作，不妨預留多一點時間給這些學生，在家課上，應考慮減少一點重複的抄寫。在與過度活躍症一併發生的讀寫障礙，或有小肌肉協調困難的學生身上，這一點考慮，尤其重要。

四 課室以外

　　處理過度活躍症學生在學校的生活與學習，當然不是以上幾個教學技巧建議就可以奏效。多年的臨床經驗，與老師的直接接觸，經父母傳來的意見，似乎都發覺不同學校或同一學校的不同

老師，在處理這類學生有頗為參差的效果，其中原因，並非單單教學技巧掌握與經驗的問題，可能與老師的態度和學校整體的管理與文化，帶著點關係。

從成功處理過度活躍症學生的老師身上，經常可以看到積極面對問題的態度，他們不輕易放過任何即使只是解決一小部分問題的方法。過度活躍症的行為特徵，並不討好，容易令人煩厭，層出不窮的騷擾行為，屢勸不改，懲罰後反而變本加厲，會令老師感覺學生故意挑戰。成功處理個案的老師，往往能避免這種老師對學生誰勝誰負的困局。從老師的提問，可以看出他們總是思考如何處理過度活躍症帶來的問題，而不是揣測學生行為的動機或推敲誰對誰錯，這種比較抽離、對事不對人的看法，容易讓老師覺得這是一項教學上的挑戰，並不是衝著他而來的「叫陣」，也打開了老師間互相觀摩、切磋學習不同教學技巧的門檻，專業上製造了小小成長的空間。這種開放態度，也令老師容易對過度活躍症學生有一種比較持平的看法，在確認問題之餘，也看到這個「問題」學生在課室裡、操場上、學校中可以積極參與和扮演的角色。有自尊感的學生會珍惜自己在學校的「名聲」，有責任感的學生會自我約束。既有要求，又有接納，把學生從經常受罰的被害者心理、一無是處的放棄態度，轉到去與老師、家長、醫生聯手克服過度活躍症的陣線裡。

教學技巧的運用，不能完全脫離學校管理的模式與策略。過去十多年，見過不少對工作既熱情又投入的老師與社工，孤軍作戰，在缺乏學校與朋輩支持下，獨力應付過度活躍症學生的種種

問題。過度活躍症衍生出來的問題，品類繁多，深淺不一，也牽涉到兒童發展的不同範疇，並不容易由一人獨力處理，僅僅就以上由病徵引申出來的教學建議，已有不少是與學校行政管理扯上關係，並非單純老師在課室內可以自行決定的問題。

多年來，在學校管理的大框子下，碰過不少釘子，可供大家參考。學校以公平原則拒絕考慮過度活躍症學生的學習需要。學校以不能負責為理由拒絕父母提醒學生在校內服藥的請求，同時也以學生求診為理由要求醫院發出學生適合上課的證明。醫生當然可以發出病假紙，但由醫學報告證明學生適合接受教育，倒有點稀奇。學校以不合規矩為理由拒絕讓校內已有的資源教學幫助有需要的學生，堅持在科科「零蛋」的情況下升班，而一定要經歷兩年「吃蛋」經驗後才可升到三年級接受資源教學，從醫療的角度看，這當真是以校規為本的管理。

五十年前，是精神病人仍被慣性地鎖在大型精神科醫院的年代，英國倫敦國王學院的 John Wing 和 George Brown 發現精神科醫院是否容許病人擁有自己的牙刷與病人病徵的嚴重程度有明顯關係。在改善醫院環境（當然並非只派牙刷那麼簡單）、尊重病人個人生活空間後，病人的病況有明顯的改善，自此世界各地精神科醫院展開了一系列改善住院病人生活的措施。一隻牙刷，體現了醫院對病人住院生活質素的重視，醫院的住院文化改善，病人的病況也隨之進步。

　　七十年代，英國兒童精神科泰斗 Michael Rutter 與他的同僚進入倫敦十二間學校追蹤研究學生的表現，發現學校雖然收取背景相似的學生，而統計學上再將入學時各種貧困背景因素計算在內，某些學校可以一貫地培育出學習上和行為上都出色的學生，將好與差的兩組學校比較，其中一項發現是好學校的一組有把學生習作張貼褒獎的常規，把學生功課「貼堂」，正正反映學校是否重視學生表現的指標之一，也說明學校教學文化對學生成長的巨大影響。

　　沒有學校的配合與支援，沒有老師的體諒和堅持，過度活躍症學生的學習與成長，將是荊棘滿途，不容樂觀。

藥療篇

📱 一切由意外開始

　　醫學的發展，有鍥而不捨終於真相大白的動人故事，也有意想不到的偶然發現。1937 年，美國醫生 Charles Bradley 在美國精神醫學叢刊 *American Journal of Psychiatry* 發表了第一篇利用中樞神經刺激劑（psychostimulant）治療孩子行為問題的論文，這其實是一個意外的研究發現。

　　Charles Bradley 是美國羅德島一間兒童療養院的第一任院長，院內部分住院病童曾患腦炎，並有各種行為問題，包括現在稱為過度活躍症的症狀，當時普遍認為這些腦炎的後遺症是腦部結構異常造成，其中一項常用的檢查方法是氣腦造影術（pneumo-encephalogram，一種將空氣注入腦室照 X 光的檢查）。Bradley 嘗試利用 benzedrine（一種中樞神經刺激劑）刺激生產腦脊液（cerebrospinal fluid）的組織來紓緩因氣腦造影檢查經常引起的頭痛，在服用 benzedrine 的三十個孩子中，大部分的行為和學習表現，竟然有非常明顯的進步！

　　這項意外的發現，雖然在其後的十年，陸陸續續地有不同的研究論文支持，但在當時仍然是心理分析當道、心理治療為主的年代，藥物治療並沒有得到應有的重視。一直到六十年代，美國杜克大學的 Keith Conners 設計了用來量度過度活躍症病徵變化的問卷，自此開展了一系列相對客觀和標準化的研究，為藥物治療過度活躍症提供了可重複驗證的數據，藥物治療也開始變得普遍。時至今日，美國每年有超過一千萬份中樞神經刺激劑的處方，流

行病學研究發現在美國某些城市，約 1% 至 3% 的學童在過去一年
內曾服用此類藥物。

☰ 什麼是中樞神經刺激劑？

　　過去四十年，精神科藥理學的發展，基本上是腦神經細胞的
腦遞質（neurotransmitter）和受體（receptor）的故事。要明白
什麼是中樞神經刺激劑需要由腦神經細胞的構造開始說起。人類
腦袋是由無數的神經細胞（neurone）與纖維組成，神經細胞的形
狀或大小，差異可以很大，但他們的成長、重組、排列和銜接，
並非雜亂無章，而是根據一組組不同的系統構造起來，形成不同
的線路與網絡（circuit）。腦袋不同的部分與網絡，各自負責不同
的工作，有密切的聯繫，相互影響，功能亦可改變。

　　最基本的神經細胞，由接收訊號的樹突（dendrite）、細胞核
（nucleus）和發出訊號的軸突（axon）所組成（圖 12.1）。

圖 12.1　神經細胞的構造

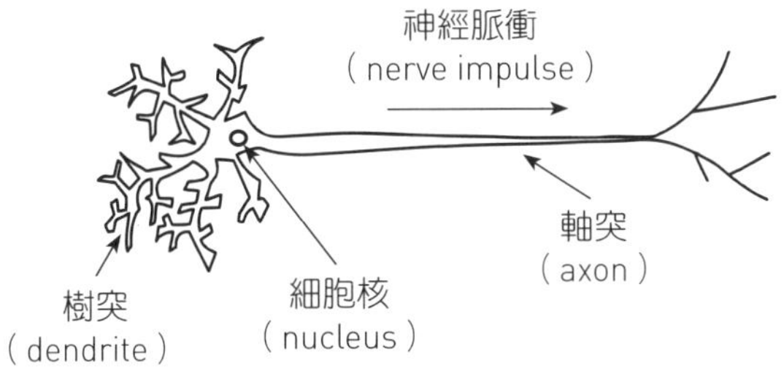

神經脈衝
（nerve impulse）

軸突
（axon）

樹突
（dendrite）

細胞核
（nucleus）

由一個神經細胞的軸突到下一個神經細胞的樹突，中間隔著一個叫突觸（synapse）的空隙（圖 12.2）。神經細胞的訊息經神經脈衝抵達軸突的末端，令囊泡（vesicle）分泌腦遞質到突觸，腦遞質跨過突觸到下一個神經細胞樹突表面的受體，受體與腦遞質結合會產生下一個腦神經脈衝的訊息，或指示其他工作，如此，神經細胞之間，達到了傳遞訊息和指派工作的能力。

圖 12.2　突觸的構造

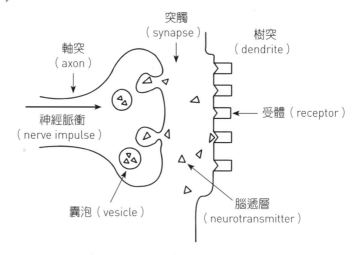

人類腦袋裡，有各種不同的腦遞質，有些是具有刺激某種功能的作用，亦有些是可以壓抑某種反應。腦遞質具有刺激功能的典型例子是去甲腎上腺素，它可使人神經緊張、精神抖擻、心跳、冒汗、血壓升高，而藥物上具有相似刺激作用如安菲他明（amphetamine）或哌醋甲酯（methylphenidate），在分子結構上也與去甲腎上腺素相似（圖 12.3），這類藥物，統稱中樞神經刺激劑。

圖 12.3　中樞神經刺激劑的分子結構

去甲腎上腺素
（noradrenaline）

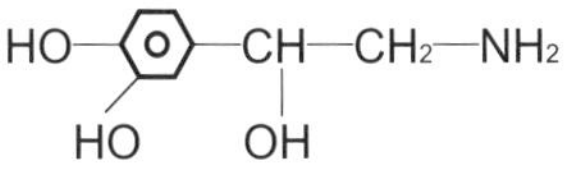

安菲他明
（amphetamine）

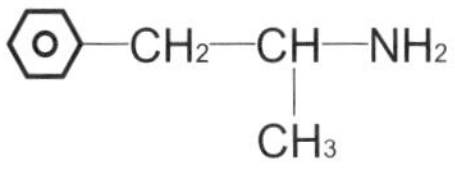

多巴胺
（dopamine）

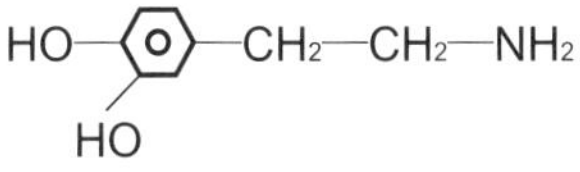

哌醋甲酯
（methylphenidate）

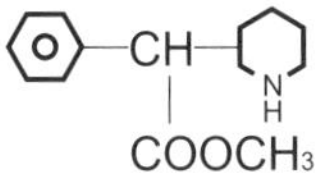

三 中樞神經刺激劑的功能

當腦遞質分泌到突觸後，遞質可能與受體結合，也可能被回收（re-uptake）或被分解，從而減低遞質與受體結合的機會，使訊息傳遞的可能下降。

科學家相信，在治療過度活躍症常用的中樞神經刺激劑，可能有以下兩個功能：一、直接刺激神經細胞囊泡分泌更多多巴胺或去甲腎上腺素的腦遞質到突觸裡；二、阻止神經細胞回收多巴胺或去甲腎上腺素。兩種功能都增加多巴胺或去甲腎上腺素與受體結合的作用，從而增加受體受到刺激後所產生的生理作用（圖12.4）。

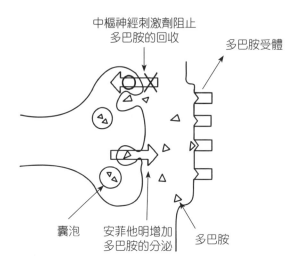

圖 12.4　中樞神經刺激劑在突觸的作用

中樞神經刺激劑阻止
多巴胺的回收

多巴胺受體

囊泡　　安菲他明增加　　多巴胺
　　　　多巴胺的分泌

　　由於腦部結構與功能顯影技術的成熟，近十多年對中樞神經刺激劑——尤其哌醋甲酯（亦即利他林）——治療過度活躍症的生理基礎有長足的發展。如第三章《坐不定就是病？》所描述，過度活躍症的腦袋結構異於常人，不單整個腦袋體積較細，在特定的腦結構如腦前額葉、紋狀體的蒼白球和尾狀核、小腦尤其小腦蚓部，也比正常孩子為細小，大腦皮層也較薄。如果將服用利他林與沒服藥的過度活躍症孩子的腦袋結構比較，近十年有不少研究指出服藥可以使體積縮細的結構正常化，這些結構包括腦前額葉的前扣帶回皮層、紋狀體、小腦、右邊的蒼白球，而額葉與側葉大腦皮層變薄減慢，研究似乎揭示了利他林有糾正導致過度活躍症腦袋異常結構的功效，令相關腦袋位置的體積與皮層厚薄與正常的腦袋幾無分別。

　　過度活躍症的腦袋功能也與正常孩子的不同（見第三章《坐不定就是病？》），在不同專注力的測試下，負責的相關腦袋線路在過度活躍症中並未能如正常孩子般起動，造成不能專注的病徵。近年不少研究指出利他林能夠使負責專注的相關線路起動，令過度活躍症腦袋功能正常化。這方面的數據，在負責遏止衝動與持續專注力的線路起動上尤其一致；在負責工作記憶線路上的起動上，數據卻並不清晰。有趣的是，利他林起動不同專注力線路的療效，並不是在每一個過度活躍症孩子的腦袋中相同，而可能是跟他們相關腦組織的多巴胺受體的密度有關，也受遺傳因素影響，更與專注力測試的困難程度掛鈎。科學家相信，正正是利他林在腦袋中的功能視乎一系列因素而定，說明了中樞神經刺激劑的療效也可以因人而異，並非完全千篇一律。

四 中樞神經刺激劑對過度活躍症的療效

　　沒有什麼比用中樞神經刺激劑治療過度活躍症更易惹來不同的非議。弔詭的是，在兒童精神科的領域裡，也沒有另一種藥物比它有更紮實、豐富的研究證明它的療效。據美國兒童及青少年精神科學會（American Academy of Child and Adolescent Psychiatry）在 1996 年的統計，在過去三十年，共有一百六十一項中樞神經刺激劑在近六千個過度活躍症病人的隨機化對照測試研究（randomized controlled trial）。到 2006 年的統計，這個數

目已增加到二百五十項以上，超過三千篇論文，僅僅回顧論文的數目，已有二百五十篇之數！可以說，中樞神經刺激劑對兒童精神科醫生而言，是常用、有豐富經驗，並有相當多研究數據支持的藥物。

綜合二百多項研究結果，可以籠統的說，大概 65% 到 80% 的過度活躍症兒童對中樞神經刺激劑有明顯良好的反應，而服用安慰劑的兒童，只有 5% 到 30% 有相似的進步。中樞神經刺激劑對過度活躍症兒童在不同的研究和不同的範疇裡，可以歸納為以下的作用：在班房裡，降低活動量、減少身體蠕動及騷擾行為、增強專注力及集中上課；在家裡，增強專注力、提高服從性、促進與家人相處的關係；在社交場合，使孩子專注遊戲、減少與朋輩衝突、較易被朋輩接納；在實驗室的測試裡，加長專注時間、增強短暫記憶、降低因衝動反應而引起的錯誤，不單提高答案的準確度，也減少以往的參差表現。簡單而言，藥物的療效並不局限在課室學習或做功課測驗等範圍裡，通過對過度活躍症病徵的控制，孩子在不同場合的各項表現皆有進步（表 12.1）。

雖然大部分的數據是建基於短期藥物療效的研究，近年相繼有長期服藥的研究報告發表，都一致同意中樞神經刺激劑對過度活躍症不單有短期作用，在長期服藥的情況下，仍然能夠保持療效。

過度活躍症的求診高峰期是在小學時期，所以藥物治療的研究，也以這個年紀的孩子為最常見的研究對象。在青少年期的研究相對較少，但療效仍然明顯。中樞神經刺激劑對有過度活躍症

一、有效控制	二、進步	三、不清楚／無療效
過度活躍	衝動的暴力行為	情緒問題
注意力缺陷	不合作行為	焦慮症狀
衝動行為	社交行為	讀寫障礙
	學習效率	與衝動無關的社交問題
	學習的準確度	與過度活躍症無關的行為問題

表 12.1　中樞神經刺激劑的療效

的學前兒童，療效雖然仍被證實，但藥效相對較低，且副作用也較多，加上父母管教訓練（parent management training）對學前兒童的過度活躍症有相當的療效，故此，臨床上學前兒童需要服用此藥的機會也相對較低。

五 服藥時間的考慮

不少家長，由於重視子女的學習，對藥物亦有所顧忌，故只讓孩子在上學時，甚至只在準備默書、測驗時才服用藥物。這其實與我們對此類藥物的認識，並不相稱。

中樞神經刺激劑的特色是吸收快，口服進入胃部，經吸收進入血液後，大部分並不黏附在血液蛋白上。服藥一小時左右，藥物在腦部的濃度接近頂峰，而功效開始顯露。經快速的新陳代

謝，在細胞外已轉化成代謝物由尿液排泄出外，故此服藥的功效只能維持三、四小時。以最常用的哌醋甲酯為例，藥物在血液中的濃度每三小時便下降一半，而療效在藥物血濃度下降時已開始消失。此藥服用的時間，大有仔細商量的需要。外國大型研究顯示，一般採用每天三次服藥，才可達到藥物能給予的最大療效。以香港學生的日常起居來說，較方便的服藥時間可能是早上、午間和下午放學之後。部分孩子可能需要在上午小息時間，另加一次服藥。在臨床上，服藥的劑量與時間的安排，除了藥理外，更需要考慮到可行性、副作用與環境配合等。簡單而言，日服一次，或只在測驗考試服藥，應是非常特殊的例外而非常規。

很多家長喜歡在週末、暑假等長假期讓孩子停藥，在外國也有類似的藥物假期（drug holiday）的安排。藥物假期的好處當然是免去藥物帶來的副作用，也可測試一下孩子在沒有藥物幫助下的表現，從而決定是否仍需服藥。然而需要留意的是，在沒有服藥的情況下，過度活躍症病徵是否會令孩子在各方面的行為退步，部分孩子在服藥時仍有各種問題，停藥後可能更難處理，藥物假期的安排，對他們來說，可能來得過早。

需要清楚說明的是，過度活躍症並非急性疾病，也不可能由一兩劑藥物所能治癒。過度活躍症的病徵比以往想像的持續（見第十四章《成長篇》），而且在不同時期，對孩子的成長造成不同的障礙。孩子服藥時間的長短，端視乎病徵影響他們的持續程度，只要病徵仍然對孩子的日常生活和成長構成障礙，仍有服藥

的需要。用藥時間長短的考慮，與治療其他常見長期疾病如糖尿病、高血壓等有點相似。

六 對孩子的解釋

大部分孩子都可以明白，生病便要看醫生吃藥，幸好絕大多數的病都是急性，只需短時間吃藥，孩子雖然不喜歡，也有點害怕，但大多能接受吃藥醫病的現實。可是過度活躍症對孩子來說，並不是容易明白的疾病。他們可能自我感覺良好，沒有頭暈身熱痛楚，有的只是父母老師的投訴。不止一次聽到過度活躍症孩子說：「因為我『曳』，『唔聽話』，所以媽媽帶我看醫生吃藥。」父母亦會無意間強調只要孩子聽話，做好功課，便毋須吃藥。甚至聽過孩子投訴：「我不吃『毒』藥！」原來孩子的父母對過度活躍症的看法不同，對藥物的接受也迴異。媽媽覺得爸爸對孩子的問題縱容，又不聞不問，故自行決定讓孩子服藥；那邊廂，爸爸卻在孩子面前細數：「媽媽給你吃『毒』藥！」藥，變成了父母親不和的另一個戰場！

為免孩子對藥物產生不必要的抗拒，父母、老師和醫生必須澄清吃藥是懲罰做錯事孩子這樣的一種謬誤。吃藥醫病，原是簡單不過，問題是將孩子的過度活躍症特徵完全分拆出來成為他們毋須負責的問題，效果可能適得其反。做錯事時，孩子卻倒過來解釋：「我沒有錯，我有病，要吃藥！」

　　如何讓孩子明白什麼是過度活躍症，而又接受吃藥只是幫助他們的一部分，最終他們仍需努力幫助自己，並不容易。解釋的方法，當然視乎孩子的年紀和成熟程度。年紀小的，以下的一個比喻可能有參考價值：以戴眼鏡為例（實在有太多小朋友需要戴眼鏡，孩子應該對眼鏡非常熟悉），近視的小朋友，並非完全看不到，努力一點，勉強一點，有時還可以看到較遠的東西，眼鏡有矯正視力的功能，使一切看得清楚。過度活躍症與近視也有點相似，孩子努力一點，也可以集中起來，而藥物就如眼鏡，有輔助的功能，使他們可以集中做好自己的事情。

七 常見的副作用

　　中樞神經刺激劑的歷史較長，亦被廣泛使用，所以醫生對它的副作用，並不陌生，表 12.2 羅列了此類藥物常見的副作用。

表 12.2　中樞神經刺激劑的常見副作用	
• 食慾不振	• 肌肉抽搐
• 腸胃不適，作嘔	• 情緒焦慮、低落
• 失眠	• 頭痛

　　中樞神經刺激劑可令孩子的胃口下降，食慾不振，劑量重或者剛服藥後，胃口差的副作用越明顯。處理方法，不妨考慮給予高熱量的食物及飲料。在藥物副作用消退的時候，尤其是晚餐或

宵夜，可酌量增加食物分量，平時可以影響胃口而無甚營養價值的零食，如汽水、薯片和糖果等，可免則免。

　　長期胃口下跌，可能影響孩子的體重或生長速度，所以長期服用此藥的孩子，應該定期量度體重體高。中樞神經刺激劑減慢孩子成長的擔心，在七八十年代提出，當時的看法是似乎只是短暫的作用，幾年後孩子長大的體高、體重會追回與沒服藥孩子的生長。可是近年 Multimodal Treatment Study of Children with ADHD（簡稱 MTA）的跟進研究（見第十三章《藥療以外》）發現服藥的過度活躍症孩子成長至二十五歲成人時，平均身高矮大概一吋，服藥總劑量越高，影響越是明顯。藥物影響體高、體重似乎是由減低胃口的副作用引起，刺激劑並不會影響性荷爾蒙的分泌，也不會拖延青春期的出現。

　　部分孩子在服藥後有胃悶、作嘔、胃痛或肚痛的副作用。幸好，隨著孩子習慣藥物後，這副作用會漸漸消失。另外，在飯後和飽肚的時候服藥，也可減低腸胃副作用出現的機會。

　　服用中樞神經刺激劑後出現的失眠，通常是指較遲才能入睡。需要小心分辨孩子是否只是對上床休息指令的對立行為，還是藥物的副作用。後者可能與太遲服藥或太重劑量有關，可考慮將最後一次服藥的時間撥早一點，或減低劑量。為避免失眠的副作用，此藥通常不建議在晚間服用。

　　小部分孩子在服藥後，情緒變得緊張、煩躁或低落，但由此藥物引起的焦慮症或抑鬱症，卻甚為少見。需要小心評估此類情

緒副作用是否與藥物服用時間或劑量有關，部分孩子可在減藥或轉用日服一次長效釋控（sustained release, extended release）的新處方（見下文）得到改善，如情況持續，便需要考慮重新評估孩子的精神狀況和轉用其他藥物。

中樞神經刺激劑可能令部分孩子原有的肌肉抽搐惡化，亦曾有個別案例報告此藥可誘發肌肉抽搐和妥瑞症，一種多發性的肌肉抽搐並因影響呼吸肌肉或聲帶而發聲（vocal tics）。近年的研究文獻對這方面的副作用，有更進一步的分析。分別有幾個雙盲對照測試研究證明此藥用於既有肌肉抽搐，亦有過度活躍症的孩子身上，肌肉抽搐的情況並沒有原先預期的惡化。服藥和服用安慰劑的兩組小朋友，肌肉抽搐的情況相似，似乎中樞神經刺激劑在有肌肉抽搐的孩子仍然可用。

八 副作用常見的誤解

很多家長誤會醫生處方鎮定劑令孩子不再活躍，可是純粹從藥理的角度了解，中樞神經刺激劑並沒有安眠藥或鎮定劑的作用，相反，副作用之一是失眠而非過度鎮靜。如果孩子在服此藥後有瞌睡的情況，可能並非完全是藥物的作用。

另一個父母老師經常擔心的情況，是藥物只能令孩子坐下來，但卻有損他們的學習能力，甚至憂慮在服藥時間的學習會在藥效消失後失去。中樞神經刺激劑對過度活躍症兒童學習的影

響，在過去二十多年裡，有頗多詳盡的研究，似乎並不支持上述的擔憂。不同學者利用不同的研究方法都一致指出行為與學習能力都可以從服用藥物而得益，一些短期研究亦報告藥物可以改善孩子的專注力缺陷而令學習表現有所進步。

需要清楚指出的是，利用藥物令孩子學業進步，是不切實際的期望，並沒有任何證據證明中樞神經刺激劑可以提高孩子的智力，相反此藥也沒有降低智力的作用。藥物的功能，僅是糾正過度活躍症病徵而使孩子原有的學習能力表現出來。另外，還需注意的是，中樞神經刺激劑對與過度活躍症一併出現的讀寫障礙並沒有任何療效，對於此類特殊學習困難的孩子來說，藥物並不是解決他們學習問題的全部答案。

有部分家長的觀察是，在中樞神經刺激劑的藥效開始消失的時候，孩子的過度活躍症病徵似乎變得更差，比沒有服藥的時間，好像更坐不定、更不能集中、更加衝動，亦即所謂的反彈現象（rebound effect）。可是這類觀察在利用客觀量度身體活動量和在班房觀察的對照研究裡，並未得到證實。

由於中樞神經刺激劑的分子結構與藥理，跟青少年濫用的興奮劑有點相似，在外國亦曾有青少年利用醫生處方的藥物作濫用藥物的個案報道，跟進研究亦指出過度活躍症的孩子成長後有濫用藥物的危機（見第十四章《成長篇》），凡此種種，加深了服用此藥可以導致藥物濫用或上癮的憂慮。簡單來說，根據醫生處方服用的劑量和方法，並沒有證據說明可以導致藥物濫用。相反，

回顧近年的研究，似乎說明服用中樞神經刺激劑的過度活躍症兒童在成長後，比沒有服藥的對照組，濫用藥物的可能性更低。

無疑，過度活躍症孩子在長大後，比正常孩子有較多濫用藥物的問題，而外國研究指出，這些成長的過度活躍症青少年濫用的是大麻，而不是興奮劑，所以由中樞神經刺激劑而導致濫用藥理相近的興奮劑，似乎站不住腳。更有趣的是，紐約哥倫比亞大學醫學院的 Salvatore Mannuzza 在兩項大型跟進研究發現，每一個濫用藥物的過度活躍症青少年，在開始濫藥之前，已經有品行失調的問題。換言之，濫用藥物只是他們邊緣行為的一部分，而曾經服用中樞神經刺激劑，但沒有品行失調的過度活躍症青少年，他們並沒有濫用藥物的問題。所以中樞神經刺激劑並非青少年期濫藥的元兇。

基於以上考慮，此藥導致藥物濫用的擔憂，並無可驗證的根據。可是，對於已經有濫用藥物病歷的青少年，醫生處方中樞神經刺激劑，卻不可不慎重處理，尤其要小心監察病人有沒有根據處方服藥。

九 服藥的顧忌

由於中樞神經刺激劑可直接或間接刺激多巴胺的分泌，此腦遞質與精神分裂有密切關係，故此有精神分裂或相關疾病的病人，不宜服用中樞神經刺激劑。

中樞神經刺激劑有提高眼球內（intraocular）壓力的作用，對已患有青光眼（glaucoma）的病人構成危險，不宜服用。

中樞神經刺激劑有降低抽筋臨界線（seizure threshold）的作用，意味著本身患有羊癇症的孩子服用此藥可能增加羊癇發作的可能性。對於同時患有羊癇症和過度活躍症的孩子，除了考慮中樞神經刺激劑對羊癇發作的影響外，更需要留意的是抗抽筋藥的選擇和劑量的調校。部分抗抽筋藥，尤其是舊一代的藥物，經常有令孩子煩躁和影響專注力的副作用。

大部分的日常用藥對中樞神經刺激劑並沒有排斥作用，可以一起服用。可是此藥與下列藥物一起服用，可能產生不良作用，需要與主診醫生仔細商量，此類藥物包括血壓藥、抗抽筋藥、抗凝血劑（anticoagulants）、三環類抗抑鬱藥（tricyclic antidepressants）和單胺氧化酶抑制劑（monoamine oxidase inhibitor）等。

💬 中樞神經刺激劑的選擇

中樞神經刺激劑可分成三種，第一種是 Dextroamphetamine（又名 Dexedrine）；第二種是安菲他明的混合鹽（又名 Adderall，是以下四種安菲他明化合物的混合：Dextroamphetamine Sulfate、Dextroamphetamine Saccharate、Amphetamine Aspartate Monohydrate 和 Amphetamine Sulfate）；第三種是哌醋甲酯，此藥分別有三種不同處方：Ritalin、Methylin 和 Focalin。

哌醋甲酯有兩種鏡像體（enantiomers，亦即是他們有完全一樣的分子方程式，但結構上並不完全相同，而是對方鏡像的倒影，分別有向右旋轉（dextrorotatory）和向左旋轉（levorotatory）兩種）（圖 12.5）。常用的哌醋甲酯是向左及向右旋轉鏡像體各佔一半，又稱為消旋物（racemic mixture）。而 Focalin 則完全是向右旋轉的鏡像體（dextro-enantiomer），近年有研究報告指出似乎向右旋轉比向左旋轉的鏡像體在藥理上更為活躍和具功效。利他林是香港最常用的中樞神經刺激劑。

圖 12.5 鏡像體

　　剛才介紹的幾類中樞神經刺激劑，都有藥效短的問題，每天需服藥幾次，對於上學的孩子，往往要在小息或午飯的時間服藥，不方便之餘也令學校老師在某程度上需要監管服藥，要過度活躍症孩子每天自動自覺準時服藥，並不容易，部分孩子更會因為害怕同學取笑，或不願意犧牲小息玩耍時間到老師處吃藥，往往消極反抗。近年來，長效的中樞神經刺激劑相繼推出市場，正好針對以上的困難。

　　所謂長效是指藥力可維持八至十二小時的藥物，只需每天服用一次而毋須在學校或其他時間再服藥，一般都在早餐過後服用，而藥力可延長至黃昏時分。上述幾類中樞神經刺激劑都有長效藥的處方，但導致長效的運作模式，各有不同。Concerta（專注達）是利用一種叫「OROS」的藥物傳送系統，藥物膠囊外層有哌醋甲酯，即時釋放產生藥效，然後胃液開始滲入藥內，使膠囊內的吸水層膨脹，將藥物從膠囊缺口中分階段釋放。由於這個輸藥運作模式，Concerta 必須整粒吞服，不宜切碎或咀嚼。Ritalin LA（長效利他林）是利用一種叫「SODAS」的藥物傳送系統，膠囊內有帶藥的細珠，一半即時釋放藥物，另一半帶藥的細珠外層需要消化才可釋放哌醋甲酯，造成持續的藥效。Metadate CD 與 Ritalin LA 有點相似，不過前者即時釋放藥物只佔整體藥力的三成，而延遲釋放的分量則達七成，並非 Ritalin LA 的五五分配。

　　由於中樞神經刺激劑的種類和名稱繁多，表 12.3 列出了各類藥物，方便查閱。

表 12.3　中樞神經刺激劑的種類

短藥效	Methylphenidate（哌醋甲酯）	Ritalin
		Methylin
		Focalin
	Dextroamphetamine	Dexedrine
	Mixed salts of amphetamine	Adderall
長藥效	Methylphenidate	Concerta
		Ritalin LA
		Metadate CD
		Methylin ER
	Dextroamphetamine	Dexedrine Spansule
	Mixed salts of amphetamine	Adderall XR

　　表 12.3 羅列的藥物雖然繁多，但總體來說它們的藥理、作用、療效和副作用皆大同小異，選擇視乎對藥物療效時間的要求（長效還是短效）和醫生的經驗而定。在外國，過度活躍症孩子對一種中樞神經刺激劑沒有反應，醫生可選擇另一種刺激劑，研究似乎指出幾種不同的刺激劑有互補作用，大概每四個過度活躍症孩子，便有一個只對某一種中樞神經刺激劑有明顯進步，而對另一種刺激劑並沒有反應。在香港，今天則只有 Ritalin，Ritalin LA 和 Concerta 三種刺激劑可供選擇。

十一 非刺激劑的藥用選擇

中樞神經刺激劑雖然對過度活躍症有顯著療效，但仍有約20%的孩子對此藥並無滿意的反應。短效的刺激劑需要日服數次，並不方便，近年推出的長效藥卻也免不了刺激劑常見的副作用。故此臨床上，醫生往往有需要考慮使用並非中樞神經刺激劑的藥物來治療過度活躍症。過往被證明有效的包括丙咪嗪（Imipramine，一種三環類抗抑鬱藥）和可樂定（Clonidine，一種降血壓藥），和近年在美國推出市場的托莫西汀（Atomoxetine）。三種藥物都有增加突觸內的去甲腎上腺素腦遞質的功能。科學家相信去甲腎上腺素在大腦額葉的作用，達到類似中樞神經刺激劑增加多巴胺功能的效果。

Imipramine 的常見副作用是口乾、便秘、手震、心跳。劑量太重，可影響心臟。八十年代美國有因服用 Desipramine（一種與 Imipramine 同屬一類的抗抑鬱藥）而導致突然死亡的案例。由於 Imipramine 是抗抑鬱藥，對於同時患有過度活躍症和抑鬱症的孩子，可能有一石二鳥的功效。

Clonidine 的常見副作用是過度鎮定、頭暈、血壓偏低、心跳和口乾等。此藥對身體過多活動和衝動行為的療效比專注力不足的療效為高，所以專注力問題明顯的孩子，Clonidine 可能並不合用。另外由於此藥對肌肉抽搐亦有療效，對同時患上過度活躍症和肌肉抽搐的病人，醫生往往樂於考慮添加 Clonidine 在處方裡。

Imipramine 和 Clonidine 都是舊藥，實證療效的研究雖然有，但數據並不豐富，且副作用較多。2002 年 11 月，美國食物及藥物管理局批准了第一隻可以在過度活躍症使用的非中樞神經刺激劑（non-stimulant）Atomoxetine（托莫西汀），亦即是 Strattera（斯德瑞）。

有別於刺激劑，此類非刺激劑並沒有刺激中樞神經系統加強多巴胺的功能，他們只可以遏止腦細胞回收去甲腎上腺素，如前節所說，刺激劑在大腦，尤其在前額葉皮層與紋狀體增加多巴胺的功能，由於紋狀體缺乏去甲腎上腺素受體，非刺激劑的生理功效，只可局限在腦前額葉上。近年好幾篇比較刺激劑與非刺激劑在腦部磁力共振功能顯影的研究裡，都發現兩者在大腦前額葉有相似的作用，也有它們各自的獨特生理功能。

由於托莫西汀與刺激劑不同，它的功效、採用與副作用也有不同的考慮。雖然托莫西汀在美國已有十五年應用的歷史，引入本港使用也有十年，相對已經使用了四、五十年的刺激劑，它的數據並不遜色。托莫西汀能有效治療過度活躍症病徵，適用於小朋友和成人病者，它的療效要比刺激劑為低，起動時間也較遲，一般要在調校好劑量的四至八星期後才完全展示藥的療效。由於調校和起動需時，托莫西汀並沒有藥物假期的概念，一般採用都是長時期服用，此藥的藥效要比傳統的刺激劑穩定，也比長效的刺激劑可以伸延到晚上仍有功效，可以說是整天都有藥效，對於晚上仍要專心工作的高中生、成人，或父母只可以在晚上幫助孩子溫習的情況下，非刺激劑無疑是他們的一項選擇。

托莫西汀並非管制藥物，在儲存和使用方便，無疑少了點壓力。相對刺激劑，托莫西汀的副作用比較少見和較輕微，表12.4列出了此藥常見的副作用。由於托莫西汀也有減低胃口的副作用，長期服用也有令孩子體重、身高生長減慢的風險，但相對刺激劑較輕微。罕見但嚴重的副作用還包括對肝臟的傷害（只有個別個案滙報）和自殺的念頭（一般在嚴重情緒低落的情況下出現），在藥物調校的初期還需小心處理。

表12.4 托莫西汀的常見副作用

食慾不振	腸胃不適，作嘔	疲倦，昏睡	情緒低落

曾經應用在過度活躍症而又聲稱具有療效的非中樞神經刺激劑的藥物，並非只限上述三種。可是這些藥物的療效並非特別顯著，研究數據不多，並未受到醫生普遍採納使用，篇幅關係，這裡不作介紹。

十三 吃藥的考慮

需要補充的是，上述有關藥物治療過度活躍症的資料和用藥的考慮，並不應單單從藥理角度去思考。在醫生處方的過程中，對疾病的解釋、藥物的說明、父母與孩子對疾病和藥物的理解、

服用藥物的監督、副作用的監察、環境的配合、劑量的調校、對父母孩子的支持，甚至覆診的時間長短與密度，在不同程度上，均會影響藥物的接受程度和療效。

藥物的效用和副作用，除了藥物本身的生化作用外，還有整套處方藥物時的配合設施和診治的環境考慮。舉例說，在沒有解釋也沒有監察的情況下，藥物副作用可能帶來的危險性，會比密切留意防範的情形下為高。從另一個角度來說，藥物治療過度活躍症是治療計劃的一部分，而非全部，藥物的療效與危險性也可以從治療計劃的配套和背景中衡量。

治療過度活躍症，就如醫學上很多其他長期疾患一樣，目標是通過對病徵的有效控制，使患者可以過著與普通人相似的生活，免受疾病的困擾。對過度活躍症來說，利用藥物來控制病徵，避免因病症而帶來種種的後遺症，使孩子儘量與健康孩子一樣地快樂成長，可能是比較務實而又可行的治療目標。

至於選用何種藥物，並非三言兩語可以說得清楚，需要考慮的因素眾多，包括以往服藥的療效與副作用，需要起動與療效時間的長短，身體或心理狀況對副作用的顧忌，與過度活躍症共同出現的其他精神問題可能對藥物的反應等，當然還有實際的金錢考慮，最後決定需要在主診醫生了解病症後與家長商量才容易有比較清晰的選擇。

父母只在孩子有病的時候讓他們吃藥。對於不接受過度活躍症的父母，根本不會考慮用藥物去治療他們覺得是正常的孩子。

對藥物有可能誤解的父母、老師，希望本章可以解答其中某些疑問。

孩子不喜歡吃藥，可是在臨床上見過備受困擾的年青人要求父母讓他們吃藥，主動幫助自己之心令人動容。

對於明白孩子有過度活躍症但不願讓孩子接受藥物治療的父母，問題的癥結可能與藥物無關，而是某種價值取向的取捨。畢竟，用藥與否，或者更廣義的說，接受治療與否，並不只是衡量藥物的療效與副作用，在考慮過程中，必然牽涉到感情上和價值觀等不容易具體說明但又非常實在的因素。父母替孩子作出的選擇，既是權利，亦有承擔，也需尊重。

藥療以外

一 奇仔父母的疑問

「訓練腦部去控制某一頻率腦電波的出現是不是可以令孩子集中注意、治好過度活躍症？」奇仔的爸爸在一次覆診中問道。

奇仔，七歲，典型過度活躍症孩子。奇爸爸三十五歲，設計師。早年在香港求學，自認頑皮，是當年老師的第一號「茶煲」（trouble，麻煩是也），經常因多嘴被罰企。六年小學，差不多一定坐在班房側邊第一行、面對老師的座位。雖然有特設專座，奇爸爸說，他只在中一時才好像「醒」過來，開始知道上課的要求，整個小學，都在渾渾噩噩中度過。奇仔的祖父母眼看奇爸爸虛耗青春，不單學業奇差，還開始逃學、不交功課，在他中三那年，將他送到外國寄宿學校去，這已是二十年前的事了。

奇爸爸清楚體會到奇仔現在的問題，就是他小時候的翻版。基於自己本身的經歷，奇爸爸不願奇仔服藥，但他卻努力尋找藥物以外的療法，在互聯網上，雜誌裡，他找到這樣的報道：美國某實驗室利用生物回饋技術（biofeedback），將孩子腦電波，轉變成電腦熒幕上的飛機飛行路線，飛機的飛行高度代表腦電波某一段波頻出現的多寡，孩子看著飛機，嘗試轉變自己的集中能力而令飛機升降，就此訓練腦電波頻率的出現。此種訓練當然可以包裝成時下小朋友非常喜歡的電腦遊戲，而該實驗室則聲稱腦電波的訓練「遊戲」，有糾正專注力缺陷、治療過度活躍症的能力。

奇爸爸在科技方面發掘藥物以外治療過度活躍症的方法。奇媽媽卻在營養學的範疇裡努力，奇仔除了服用各種魚油、特種維他命丸外，還會按時使用花粉。至於過甜的、有附加劑和染色素的食物，可免則免。最近，奇媽媽拔了奇仔的幾條頭髮送到美國化驗，報告說奇仔身體的水銀過高，奇媽媽問：「水銀過高會不會造成過度活躍症？是否需要服藥排出體內的重金屬？」

奇仔父母的疑問，很多父母老師可能聽過，這些方法聲稱對過度活躍症的療效，簡單來說，都是查無實據。過度活躍症腦電波的研究，至今仍未找到有特定的異常情況，更遑論提高某頻率的出現去訓練專注力的成效。在餐單方面，孩子少飲一罐可樂，當然無需爭議，更可能是健康的提議，要小心處理的是，在剔除這些不健康但又不幸地是香港孩子日常食品之後，孩子可能被朋友取笑為「怪人」。過量服食維他命，尤其是可溶於脂肪和貯存體內的維他命，對身體可能有害。頭髮髮囊的重金屬分量與空氣中的重金屬有關，並不能準確反映體內重金屬水平，過度活躍症並不是由水銀中毒引起（見第六章《遺傳以外》），服藥排「毒」可能引起的副作用，更需要與醫生仔細商量，才可開始。

吃、還是不吃？

臨床上不少家長詢問營養學上治療過度活躍症的療效，其中以服用各類魚油丸的問題最多，研究上也有一定的數據，這裡還有一談的需要。

日常家長所說的魚油丸，在化學分類上是脂肪酸（fatty acid），是脂肪的主要成分，日常生活上，最出名的脂肪酸可能是飽和脂肪酸（saturated fatty acids，很多動物油都有很高比例的飽和脂肪酸）和反式脂肪酸（trans fatty acids，由於較高穩定性，經常加入不同食品之中），過量攝取這兩種脂肪酸，都有提高心血管病的危險。

應用在過度活躍症的治療上，我們說的是奧米加脂肪，尤其是奧米加三脂肪酸（omega-3 fatty acids），是不飽和脂肪酸（unsaturated fatty acids）的一種，人體無法自行製造，必須由食物中吸取，不少植物油和魚油都有豐富奧米加三脂肪酸，攝取後，人體會將此類脂肪酸加以改造，並延長碳鏈，製成二十碳五烯酸（eicosapentaenoic acid, EPA）和二十二碳六烯酸（docosahexaenoic acid, DHA）。各種脂肪酸，尤其 DHA 和 EPA，是細胞膜的組成部分，影響腦細胞的生長和腦遞質的信息傳遞，也與一系列的免疫系統與消炎生理機制有關，因為牽涉的生理系統眾多，此類脂肪酸曾經被應用在不同的疾病之中，包括血管病、高血壓、退化症、抑鬱症和作為消炎之用。

過度活躍症孩子是否缺乏脂肪酸，尤其 DHA，牽涉不同議題。首先，文獻上並沒有一個公認的標準去界定何謂健康的脂肪酸水平，所以只有相對高低的水平而沒有正常／不正常的分別。血液中的脂肪酸，並不反映腦袋中脂肪酸的水平，所以前者檢查偏低並不等於腦袋缺乏脂肪酸。此外腦袋中 DHA、EPA 的多少，並不單單倚靠餐單上的攝取，還受制於身體在奧米加三脂肪酸新陳代謝的速度。

在以上的理解下，就不容易說出過度活躍症是由脂肪酸缺乏所引起。在文獻上的確找到一部分過度活躍症孩子血液中的脂肪酸和 DHA 比正常孩子的為低，奧米加三脂肪酸較低的那一組，也是相對較多父母投訴有行為問題；但在老師的問卷，DHA 高和低的孩子並沒有分別，另外奧米加六脂肪酸的水平與孩子的行為問題並沒有關係。

在遺傳學雙生子的研究裡，我們清楚知道共享環境對過度活躍症的影響微不足道（見第六章《遺傳以外》），在日常生活中，從食物攝取脂肪酸正正是共享環境的因素之一，除非我們相信雙生子成長的食用餐單並不一樣，用食物中缺乏脂肪酸來解釋過度活躍症的成因，與遺傳學上的數據，並不吻合。

話雖如此，利用魚油丸補充相信是缺乏脂肪酸來治療過度活躍症，並非完全沒有證據。回顧已經發表的研究中，可以總結出脂肪酸，尤其 EPA 補充劑，可能有輕微改善過度活躍症的療效，可是這個「可能性」在不同專家眼中，卻有不同解讀。一方面高質素研究的數據太少，難有清楚結論。有的服用時間太短，根本不可能在短時間內由攝取到轉化、再改善行為。有些研究，只是根據父母報告有輕微病徵的孩子，而非傳統醫學上的過度活躍症孩子。更大的問題是父母自願讓孩子嘗試治療，造就了相當大的安慰劑作用（placebo effect），魚油丸本身的味道，容易令孩子或父母知道孩子所服用的是魚油丸還是安慰劑，父母願意嘗試他們相信的治療，在識穿服用魚油丸後，再由他們評定孩子的行為進步，難免有頗大的心理作用，而非魚油丸的真正療效。

　　針對以上困難，修咸頓大學的Sonuga-Barke 2013年在
American Journal of Psychiatry 發表了一項頗有警醒意味的回
顧，在眾多高質素非藥物治療過度活躍症的研究中，包括本章開
始說的生物回饋技術、剛才所說的脂肪酸補充劑，也有在餐單上
撤走所有食物上的人造色素，還有服用消除可能對食物敏感成分
的特製餐單，Sonuga-Barke 發現以上四種方法，根據父母的評定
都似乎有輕微改善過度活躍症的療效，可是當由並不知道孩子接
受何種治療的老師作評估時，以上的輕微療效卻大幅降低，雖未
至無用，卻說明了這類治療的重大心理作用。

　　以現今對魚油丸的資料來看，吃，還是不吃，專家並沒有
一致的看法。對於藥物有顧忌的家長來說，雖然魚油丸的療效輕
微，他們可能仍樂於一試，但如果並未能解決問題，父母切勿忘
記藥物治療可以是更有效的另一選擇。對於藥物反應並不理想的
孩子，部分醫生可能選擇藥物再加魚油丸來輕微提升所需要的療
效。至於抽血檢驗脂肪酸水平來調控魚油丸補充劑的治療，就大
可不必了。

三 要求藥物之外的治療

　　除了因為父母不願意孩子服藥而有藥療以外的要求外，利用
各種訓練方法治療過度活躍症其實是有本身的理論基礎和臨床需
要。

　　不同的研究曾經將過度活躍症的基礎解釋為衝動、抑制反應的缺陷、自我控制調節的問題等等（見第四章《專心玩遊戲機就沒有病？》）。基於這些理解，心理學家設計了專門針對糾正這些問題的訓練。

　　過度活躍症的行為特徵經常令孩子在班房、家中、朋輩間和學習上出現困難。醫生除了要解釋這些困難的根源外，更需要與父母老師商議一套處理方法，有系統地按部就班的採用某種處理方法，也逐步演變成訓練的基礎。

　　過度活躍症經常與一系列的行為、學習、自尊等問題一併出現（見第九章《「禍」不單行》）。要解決這些問題，並非單單一粒藥所能做到，自然產生了藥療以外各種訓練的要求。

　　利用各種訓練來治療過度活躍症，可能會產生一些不必要的誤會。父母可能擔心因為他們的管教失效才令孩子患上過度活躍症。由於孩子在課室裡的參差表現，容易使老師誤會了過度活躍症就是他們處理課室秩序不濟才引起的。

　　其實，越來越多的證據說明過度活躍症是控制和調節身體活動量和專注力的長期障礙，是有遺傳基礎和腦神經生理異常的疾病（見第三章《坐不定就是病？》），這些生理基礎，並不是父母老師可以「調教」出來的。相反，父母老師參與的治療訓練，正正是協助孩子克服障礙的重要一環。

1995 年，美國耶魯大學的 Alan Kazdin 寫了一本關於品行失調的著作，全書僅一百七十七頁，行文簡單易明，思路清晰，不僅是認識此病入門書籍的不二之選，更是深入淺出的示範作品。Alan Kazdin 回顧過去在臨床上曾應用的心理治療和各種訓練，發現竟有二百種之多，可惜，被證明在品行失調有確實療效的，只有四種！作者還舉了一個例子，一部分品行失調的青少年是憤怒青年，有需要探討他們的情緒和感受，但並不表示這方面的輔導對治療品行失調有效！

以上的例子，旨在說明，在兒童行為情緒問題的範疇上，言之成理、娓娓動聽的分析和治療很多，可惜大部分只是中「聽」不中用，被證實能真正解決問題的，寥寥可數。不幸地，相似的結論同樣可應用在過度活躍症上。

四 家長管教訓練

在第一次求診面談的時候，已隱約感到沅兒跟媽媽相處出了很大的問題。媽媽對沅兒的投訴，幾乎是滔滔不絕，九十分鐘過後，我問媽媽：「沅兒有什麼優點？」沅媽媽立即靜下來，帶著一點難為表情，良久也吐不出一個字來。經評估後，沅兒有過度活躍症和對立反抗症，開始了父母管教工作坊的訓練。訓練第一節「讚得其法」，將媽媽與沅兒相處的問題清楚暴露出來。從錄影帶可觀察到媽媽一進房間，沅兒立即盯著媽媽的動向，在丁方數十呎的房間裡，竟有點互相監視的氣氛。護士在單面鏡的後面經無

線咪連到媽媽的接收器，經過半小時的努力游說鼓勵，也未能令沅媽媽稱讚沅兒一句。室裡有人，可是除了玩具碰撞的聲音，再也聽不到人聲，氣氛不單緊張，更有點詭異的味道。一星期後第二節時，沅媽媽一開始便告訴護士她在家裡已經有很多次稱讚沅兒！可是在錄影時，只是重複第一節的情況，沅媽媽身體僵硬，滿臉的不自然更沒有半句讚賞孩子的表現。在跟護士翻看錄影帶的時候，沅媽媽的情緒一下子爆發出來，哭成淚人：「我實在讚不到沅兒，我找不到要讚他的地方，說不出讚他的說話！好辛苦，不要迫我！」

華仔在第五節一開始的時候，就非常氣憤的指著媽媽的鼻子，大聲嚷道：「你『沒口齒』，說了不算話！」兩星期前，華仔跟媽媽協議了一個簡單的獎勵計劃，華仔每天早上起床、梳洗、要不發脾氣、準時出門，就可得一分，儲滿十分可得模型火車的第二節。就在進展尚可，已儲了九分的時候，華仔在學校闖禍，被罰留堂。當晚，媽媽警告再有留堂便取消獎勵計劃，卻惹來華仔即時的反彈：「你先前沒有說過要計留堂！」爭吵之間，華媽媽將華仔的第一節火車沒收。自此，華仔每天早上恣意發惡。四天後，華爸爸秘密買了第二節火車送給華仔，華媽媽卻被蒙在鼓裡。

以上兩個片段，都是父母管教訓練曾經遇到的一些例子。顧名思義管教訓練是協助父母建立一套與孩子相處的有效方法與守則。管教訓練的環節，可以包括親子遊戲、讚賞、關注、清晰指令、確立家居守則、商量技巧、論功行賞、控制衝動和處理不良行為的方法如不予理會、隔離和承擔後果等。

　　父母管教訓練有別於傳統的心理分析或輔導技巧，主要採用行為治療（behavior modification）的理論基礎和療法，訓練的焦點是現在和這裡（here & now，即是集中處理現在顯現的管教問題）。至於父母親三十年前本身的孩童經驗、孩子以往的成長經歷，並不是此訓練焦點所在。

　　過去三十年，父母管教訓練在外國已被普遍接納採用，起初只應用於對立反抗症及品行失調，逐步亦包括過度活躍症的孩子。訓練的長短、形式和手法都有不同的變調。訓練通常以九十到一百二十分鐘為一節，八至十節開始，有些療程長達三、四十節，通常開始時節數較為頻密，在把握一定技巧後，節數便逐漸變得疏落。父母管教訓練成形初期是採用個別形式，需要父或母一起跟孩子接受訓練。八十年代後期，開始流行小組形式的訓練。在外國，近年更興起自我進修的形式。訓練形式不同，手法也跟著轉變。個別的管教訓練非常強調孩子跟母親／父親在訓練過程中親身經歷新建立的管教方法。小組形式的訓練則經常有同舟共濟、互相切磋鼓勵的氣氛，治療師更利用錄影帶、示範、角色扮演和講解等方法帶起討論。無論何種形式的父母管教訓練都非常強調實際應用管教的技巧，只說不做，在訓練環節裡長篇討論「湊仔」心得，但不在家中付諸實行的父母，孩子的進展只會微乎其微。

　　近年父母管教訓練開始在本港應用，訓練內容、服務對象、療程長短、形式和手法都有不同。父母管教訓練的理論基礎，可能並沒有文化上的差異，可是在訓練的內容，卻不能不仔細推敲

認真考慮如何將西方「教仔」經驗「移植」到本地父母上使用。舉例說，管教訓練中的一節「讚得其法」，本地父母經常有的即時反應是：「讚得多會『縱壞』！」這種反應，遍尋西方文獻卻甚少討論！

五 過度活躍症小組訓練

安坐、舉手、參與、和睦和遵從，是很多過度活躍孩子在班房裡未能好好把握的規矩，也是過度活躍症小組經常需要訓練的目標行為。所謂過度活躍症小組，是指將學習水平相似、同樣患上過度活躍症的小朋友組合起來，在一個模擬課室的環境裡，針對常見的課堂行為問題，作密集式的訓練。

跟父母管教訓練一樣，過度活躍症小組通常都在一定節數的訓練時間內建立孩子需要學習的課堂行為，訓練課程長短不一，一般都是二十、三十小時以上，訓練安排通常是每星期一到兩次。每次訓練都是整個上午或下午，孩子除了需要在模擬課室上課外，更有加設的小息活動（很多過度活躍症孩子是在學校小息時候闖禍！）。

顧名思義，小組必須是超過一個孩子的訓練，人數雖然並沒有一定準則，以往臨床經驗通常都是六至十二位之間。人數太少，沒有班房學習的味道，過度活躍症在班房裡的行為特徵沒有

出現，也無法糾正；人數過多，難以控制，十多個過度活躍症學生在課室裡，可以是非常熱鬧，也是老師駕馭班房秩序的大考驗。

模擬課室，當然與一般課室不同，單面鏡、錄影設備、座位編排、師生比例和為方便獎賞而設的安排等，都與學校裡的課室不同。在模擬課室裡的訓練，也跟學校裡設計的課程不一樣，過度活躍症小組的目標是建立適當的課室行為，並非補習班，也不是功課輔導，小組的教學學術內容，只是一種手段，並非目標。

簡單來說，大部分的過度活躍症小組都是採用大量的行為治療技巧和手法。孩子在評估後選擇適當目標行為，由於小組的孩子全都有過度活躍問題，他們的目標行為都非常相似，這也是將他們集成一組處理的原因，但並不排除個別設立的目標。

透過模擬課室的老師說明目標行為的要求和規則，也將目標行為在模擬課室裡應有的表現和常見錯誤一一示範，再讓組員練習觀察目標行為的出現，令孩子好好把握要求的技巧和準則，然後用代幣制（token system）將獎賞與目標行為掛鈎，在累積指定數量的代幣後給予獎賞。代幣制在模擬課室裡是預先設計和有系統地執行，在建立目標行為的初期，代幣的使用是即時和密集的，待目標行為已初步成形後，逐步加入自我評核和自我獎賞的步驟，老師由開始時的即時獎勵過渡到只有回饋，然後慢慢淡出已建立的管理程序。

大部分過度活躍症小組的設計，尤其在訓練的後期，都有引入學校老師和家長參與的機制。以代幣制為例，在模擬課室把握

好的目標行為需要類化到真正課室裡，學校老師需要建立一套類似的代幣制，並由家長在家中執行獎勵，務求將目標行為從模擬課室「移植」到學校裡。外國類似的訓練，在引入學校老師參與方面，尤其重視，除了延續模擬課室訓練外，更協助學校老師把握一整套可以在班房使用的行為治療技巧。

除了以上提及的代幣制外，過度活躍症小組還會採用一系列不同的行為治療技巧，包括各種形式的增強法（reinforcement）、消減法（extinction）、懲罰（punishment）和刺激控制（stimulus control）等，篇幅所限，這裡不作詳細說明。

六 以孩子為本的訓練

父母管教訓練的焦點在於建立一套父母有效處理孩子行為的方法。過度活躍症小組的重心在訓練孩子和協助老師如何調適孩子在學校與班房裡的行為。而孩子為本的訓練則主力針對孩子身上發生的困難，這裡介紹兩種較為常見的訓練方法。

（1）社交訓練

過度活躍症孩子經常有社交方面的問題，也因此有社交訓練的要求。一般社交訓練運用模仿、直接教導、角色扮演、練習、回饋和增強法等技巧幫助孩子建立適當的人際關係，僅僅運用以上技巧在過度活躍症孩子身上卻有不足之處。

　　細心分析過度活躍症孩子的社交問題，會發現孩子並非不懂社交或缺乏技巧，而是有很多令人煩厭的行為，令他們受到同輩間的排斥。問題的發生也不僅局限在同年紀朋友和同學之間，還會在與大人相處的時候出現。由於問題在長時期不斷出現，過度活躍症孩子的名聲在朋輩間根深蒂固，不容易改變。

　　針對以上的問題，過度活躍症的社交訓練會儘量加插機會，讓孩子可當著朋輩面前做好榜樣，而訓練也加重合作性遊戲與工作，不僅有小組的形式，更有單對單的練習，此外還有附加的解決問題技巧訓練。

（2）控制衝動訓練

　　過度活躍症孩子做事衝動，往往因而闖禍。七十年代開始，心理學家已著手設計控制衝動行為的訓練。這些訓練，通常都是以語言為基礎，在訓練初期，令孩子背誦一些簡單口訣，再用這些口訣來指導他們一步步地解決在訓練環節提出的一些數學問題。口訣的第一句通常是：「停，靜下來，想想需要解決的問題。」到最後一句可能是：「對了，我做得好！」當孩子把握好以上步驟後，便開始訓練父母協助孩子在訓練環節以外的地方和時間運用以上的訓練方法。

　　控制衝動訓練，頗為要求孩子的合作與父母的配合。如果孩子自認沒有問題，不願花時間功夫在訓練上，成效往往並不明顯。另外，如何類化在訓練環節的結果到日常生活中，也是經常

遇到的難題。臨床經驗指出，部分過度活躍症孩子花了大半訓練環節也未能背誦口訣，也會使訓練療效降低。

總的來說，相比父母管教訓練和過度活躍症小組，單純的社交訓練或控制衝動訓練，對糾正過度活躍症孩子的行為，療效相對偏低。

七 藥療還是訓練？

過度活躍症的孩子，應該服藥還是接受訓練？單從療效的角度看，問題大概可以分成三部分：一、藥物與訓練的療效如何比較？二、藥療跟訓練一起採用，能否帶來更大的療效？三、在眾多的過度活躍症孩子中，誰會對藥物或訓練有較佳的反應？

以上看似簡單的題目，其實只在最近才有較為清晰的看法。1992 年，美國國立精神健康學院和教育署聯手贊助 MTA 的研究，美國六間大學組成研究隊伍，徵集了五百七十九位年齡由七至九歲的過度活躍症孩子，把他們隨機分成四組，第一組接受藥物治療；第二組接受行為訓練；第三組接受藥物加行為訓練，亦即是第一、二組治療的相加；第四組則是對照組，只接受社區裡提供的服務而沒有研究隊伍的支援或訓練（表 13.1）。

表 13.1　MTA 研究的治療方法

一 藥物治療	二 行為訓練	三 藥物治療加 行為訓練	四 社區治療
• 144 名兒童 • 首 28 天調校藥物劑量 • 每月覆診半小時	• 144 名兒童 • 27 次小組父母管教訓練 • 8 次個別父母管教訓練 • 8 星期孩子為本夏天訓練 • 10 至 16 節，隔星期對學校老師支援 • 60 日過度活躍症小組訓練	• 145 名兒童 • 包括第一組和第二組的治療	• 146 名兒童 • 只接受由社區提供的服務

　　仔細閱讀表 13.1，不難發現 MTA 是極具雄心的研究，僅以第二組行為訓練為例，選擇的各式訓練，很多都是以往曾經獲獎、被譽為有理論基礎亦有往績可尋的訓練計劃。訓練更是非常的全面，照顧了絕大多數過度活躍症孩子可能出現問題的範疇。訓練所投入的時間更是以往研究所未能及，小組及個別父母管教訓練共三十五節；孩子為本的夏天訓練共四十天，各種針對學校／課室表現的訓練和老師的支援共七十多次；粗略估計，每一位接受行為訓練的孩子、家長和他的老師合共接受了大概六百小時的訓練！投入的時間和工夫，不可謂不多。

　　MTA 研究的另一強項就是結集了六間美國大學對過度活躍症有豐富研究經驗的數十名頂尖研究人員。經評核後採納進入研究的孩子接近六百人，規模之大，也是空前。MTA 研究的療程長達十四個月，在這年多的時間裡，研究人員對孩子、父母、老師各方面搜集評估孩子病情進展的資料。

　　簡單來說，MTA 是過度活躍症的範疇裡前所未見的大型治療研究。九十年代，整個業界都在談論這項研究，對研究結果的發表，更是萬眾期待。

　　1999 年 12 月，MTA 終於在首屈一指的精神醫學雜誌 *Archives of General Psychiatry* 發表了第一份研究結果報告。四組過度活躍症孩子在十四個月療程之後，在控制過度活躍症病徵方面，使用藥物治療的孩子，無論有沒有行為訓練，都明顯比單單接受行為訓練或接受社區治療的對照組為好。以十四個月療程終點時，仍然符合過度活躍症的斷症為準，藥療加行為訓練的組別，只剩下 15% 仍是過度活躍症（開始時，當然是 100%），單單藥物治療那一組是 18%，單單行為訓練的一組是 33%，而社區治療組別則是 31%。換言之，藥物控制過度活躍症病徵的療效要比行為訓練明顯地好。

　　藥物治療過度活躍症的優勢還需一點說明。MTA 研究團隊發現大部分社區治療組別的百多個孩子，雖然沒有在研究團隊裡接受治療，卻在社區上尋求相似的藥物治療，但在病徵控制上，這一組孩子遠遜 MTA 研究裡服用藥物的兩組（即表 13.1 的第一和第三組），研究發現社區上接受治療藥物治療用藥的劑量較低，覆診的時間長達四至六個月，也沒有仔細利用父母、老師的評估和行為上的觀察來調校藥效，似乎就是這些臨床上的細緻步驟，就已足夠做出明顯的高低療效分別。

　　在 1999 年以後的幾年裡，MTA 團隊陸續發表第一浪的其他研究報告，論文主旨與研究數目並非三言兩語可以撮要，譬如

說，並非所有過度活躍症孩子都一面倒地對藥物反應較佳，細心分析五百多個孩子的其他斷症，發現同時患有焦慮症狀的過度活躍症孩子，對行為訓練的反應，與接受藥物治療療效相似。來自社會低下層接受公援家庭的過度活躍症孩子，在接受藥物加訓練的治療，要比其他三組治療都要好。利用世界衛生組織比較狹窄定義的多動症為界定，多動症孩子對藥物的反應，明顯地將行為訓練的療效比下去，換言之，越是嚴重的個案，藥物治療的優勢越是明顯。若果將治療的結果擴闊至整體表現，藥物加訓練一組才開始有比單用藥物優勝的空間，就以整體進步至正常水平的比率為例，接受藥療加行為訓練的一組是 68%，單單藥物治療的是 56%，單單行為訓練的是 34%，而社區治療則是 25%。

圖 13.1 和圖 13.2 簡單撮要了四組孩子在十四個月療程後的結果，清楚看出，單單行為訓練的一組，雖然相對社區治療組別有輕微優勢，但無論在過度活躍病徵的控制，還是整體進步，都要比藥物治療療效為低，而藥療加行為訓練的一組，雖然比單單藥療表現較好，但優勢並不明顯。

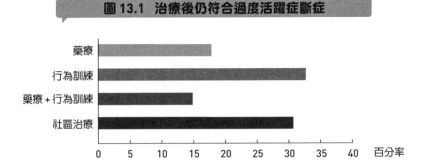

圖 13.1　治療後仍符合過度活躍症斷症

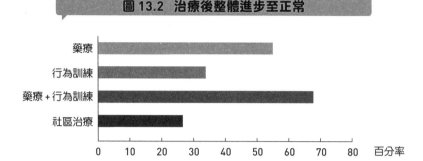

圖 13.2　治療後整體進步至正常

　　MTA 的研究結果，對提倡行為訓練來治療過度活躍症的專家來說，未免有點失望，近六百小時的訓練，並未能帶來與藥物治療相似的療效，反而在附加藥物治療的情況下，比僅僅接受行為訓練，明顯地有更好的療效。對相信藥物治療的專家來說，研究結果也並非完全的好消息，如上文所說，過度活躍症兒童的種種問題並非單單藥物可完全解決，然而加上六百小時的行為訓練卻未能為藥物治療明顯「增值」。

　　MTA 研究團隊在十四個月療程報告發表後，繼續跟進這五百七十九位過度活躍症孩子的成長，分別在資料開展之後的二、三、六、八、十、十二、十四、十六年再有跟進評估，在2017 年最新發表的研究報告裡，孩子已經長大成人，平均年齡是二十五歲。在完成十四個月治療後，這批分成四組治療的孩子，投入他們居住的社區，各自尋求他們相信需要的治療，以往單單服藥的那一組孩子尋找訓練並開始停藥，以往單單訓練那一組開始服藥。不出兩三年，四組孩子接受的治療再也沒有分別。以服藥為例，在完成治療二十二個月後，原先四組孩子服藥的百分比

變成 66%，69%，56% 和 13%，在第六年跟進的時候，四組孩子服藥的百分比為 42%，44%，44% 和 40%。

在第三年跟進開始，MTA 團隊已經發現，原先四組接受不同治療的孩子，在十四個月的結果差異，不消兩年，四組已經沒有分別。似乎十四個月的療程，並不足夠維持他們原來的療效，原先比較優勢的治療組別並未能保持優勢，原先比較失利的治療組別開始追上來。MTA 團隊起初還抱有希望，估計十四個月的療程，在初期並未顯露效果，隨著時間過去，到達青春期的轉振點，治療的效果才產生療效，這亦是心理學上說的睡眠者效應（sleeper effect）。2013 年 MTA 團隊陸續發表第八年的跟進報告，孩子平均年齡已是十七歲，簡單說，第八年的跟進與第三年的結果非常一致，四組接受不同治療的孩子在一系列的評估上，尤其在藥物濫用上，完全沒有分別。

面對並未如估算的失望結果，MTA 團隊歸納出以下三點：

一、對過度活躍症的孩子來說，十四個月的治療遠遠不足以維持療效，達致理想效果，長期疾病就是需要長期的優良治療，才可令孩子健康成長。

二、在醫學倫理上，當然不可能堅持四組孩子年復一年只接受他們隨機選擇的治療，十四個月後四組孩子接受的治療再也沒有分別，他們的成長結果當然也沒有分別。

三、在十四個月的指定治療後，每個孩子會隨著他們的病
　　情、困難和背景，自由尋找他們需要的治療。在這自然
　　選擇的背景下，必然出現較輕問題的孩子不再尋找治
　　療，病情較重的會不斷嘗試更多不同治療，所以服藥與
　　訓練較多的孩子未能達到較佳的成長，可能並非治療失
　　效，而是他們本身已經是困難重重的個案。

雖然 MTA 跟進研究的結果有點反高潮的味道，但是，1999 年
發表的第一篇研究，在近三十年裡仍然無人能及，不單是經典研
究，更塑造了整整一代兒童精神科醫生治療過度活躍症的觀點。

MTA 研究團隊已經不再拘泥於以往治療是否有效，相反，對
五百多名過度活躍症孩子在不同階段成長的評估，已經是此病症
最大型的跟進研究，這些數據在可見的將來，仍會陸續發表，業
界仍會拭目以待。

成長篇

一 六十年代的謬誤

　　五、六十年代，大部分醫生和科學家都一廂情願地相信，過度活躍症只是成長上的一種「陣痛」，孩子在長大後，會逐漸成熟起來，並會糾正以往的幼稚行為。那個年代的看法是，過度活躍症孩子在長大後，一切會變得美好。

　　到七十年代，這種想法逐漸受到質疑和挑戰，而具體的和最有說服力的修正，莫過於跟進研究：將年幼時曾被斷症為過度活躍症的孩子——在青少年期或成年期再次接觸，進行仔細和標準的面談，將他們成長後的精神狀況、生活和各方面的適應等，作多方面、多渠道的觀察和評估。

　　加拿大蒙特利爾兒童醫院的 Gabrielle Weiss、Lily Hechtman 和他們的同僚是第一批對過度活躍症孩子成長作有系統研究的學者，他們的跟進研究可分為三個階段，分別是五年、十年及十五年（當時的平均年紀已是二十五歲）的跟進。在八十年代後期及九十年代，美國紐約州精神病學研究所的 Rachel Gittelman 和 Salvatore Mannuzza，以及麻省大學醫學院的 Russell Barkley 等，也分別作出了類似的跟進研究。除了以上三項大型研究項目外，在過去二十年，亦有成長的過度活躍孩子在某一方面適應的小型研究相繼發表。可以說，今天我們對過度活躍症孩子成長過程中出現的困難和問題，有比較豐富的資料，也糾正了以往對此病的誤解。

二 過度活躍症孩子的成長

三、四十年前，大部分科學家相信過度活躍症的各種專注力缺陷、多動和衝動的行為特徵，會隨著年紀增長而改善。五十年代，更有所謂過度活躍症只是成熟期延慢（maturational lag）的行為問題，孩子到了青少年期便會自動追趕上（catch up）的看法。可是，過去三十年的跟進研究，差不多都一致地推翻了以上的看法。

無論是問卷調查、標準化的面談，還是不同場合的客觀觀察，都有相同的結果，就是過度活躍症的孩子在成長到青年期，甚至成人期的時候，仍然明顯地比正常的青少年有更多過度活躍症的行為特徵，他們的活動量仍是偏高，專注力仍有缺陷，做事衝動。美國紐約州立大學的 Stephen Faraone 有系統地回顧各項跟進研究後，總結出過度活躍症孩子在長大至二十歲時，大概有三分一仍然有過度活躍症，另外三分一雖然不再符合斷症準則，但仍持續受到過度活躍症病徵影響。

以往相信遲來的成熟並不成立，相反，過度活躍症比我們想像中更加持續，其中以專注力缺陷至為明顯（圖 14.1）。但持續並不表示一成不變，過度活躍症的行為特徵在不同年紀會有微妙的變化。小學初期，高身體活動量至為明顯；但隨著年長，會逐漸減退，而越來越清晰的問題，會是各項專注力的缺陷；在青少年期，做事欠缺條理的問題，則會清楚暴露出來。如果病徵持續到成人期，可能會表現為做事散漫，缺乏效率，卻喜歡同時間開始

不同工作，又未能貫徹完成，給人「亂籠」和容易放棄的感覺，
這也是美國開始討論的成人型過度活躍症的一些特徵。

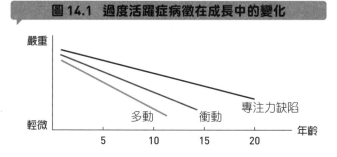

圖 14.1　過度活躍症病徵在成長中的變化

　　除了持續的過度活躍症行為特徵外，在青少年期，這些孩子
可能會有另一種成長危機，就是反社會行為問題。無論是青少年
邊緣行為的自我報告（self-report delinquency）、標準化的面
談，還是警方的犯罪紀錄，都一致指出過度活躍症孩子在青少年
期明顯比正常孩子有更多的反社會行為。美加等地的研究發現，
每四個過度活躍症的青少年便有一個有犯罪紀錄，他們所犯的罪
案或反社會行為，並沒有明顯的模式，相對輕微的如超速駕駛、
酒後駕駛、偷竊、毀壞公物、攜帶武器，到比較嚴重的傷人、放
火等都可以找到。研究說明過度活躍症孩子在青少年期並沒有自
動進步，相反，有不少衍生出更大、更嚴重的品行問題。

　　隨著各種反社會行為問題的出現，過度活躍症孩子在青少年
期也有明顯的濫用藥物問題。如第十二章《藥療篇》所說，絕大
部分濫用藥物問題是發生在反社會行為問題的背景之下，而濫用

的藥物，不一而足，跟當時流行的相類似，以外國的報告來說，飲酒和濫用大麻，相對較為普遍。

過度活躍症孩子在青少年期的學業成績比正常的青少年要差。不單考試的分數或排名較低，有較多需要重讀甚或未能完成中學課程，較少能夠進入大學求學。在不同的標準化的學科測試中，這些青少年的分數，也明顯偏低。不單學業成績較差，青少年期的過度活躍症孩子在實驗室裡仍然可以量度得到專注力缺陷的特徵。

過度活躍症孩子長大後，相比正常的年青人，整體的適應比較差。他們的自尊感較低，覺得沒有被身邊的人公平對待。雖然他們與朋輩的接觸與正常的年青人沒有分別，但卻經常被評定為不容易接受的一群，他們日常與朋輩的商討能力也相對較弱，遇到困難時，容易演變成衝突或深深不忿的退讓。在成人期，他們的工作經常轉變，往往不能持續在一個職位內工作，職位的性質，也多是低技術勞工。

早期的過度活躍症跟進研究，經常集中在學業及品行方面，近三十年陸陸續續發現差不多四分一過度活躍症孩子在青春期後會有抑鬱症，後者的出現似乎並不單單是由於過度活躍症成長上遇上的挫折造成，美國哈佛大學的 Joseph Biederman 在九十年代已經發現過度活躍症孩子的父母患上抑鬱症的機會偏高，而父母抑鬱症的病發時間，要比孩子診斷患上過度活躍症要早五至八年，換言之父母患上抑鬱症並非因為照顧一個困難的過度活躍症

孩子而引起。過度活躍症孩子成長後患上抑鬱症，似乎與父母也有此病的遺傳因素有關。近年的雙生子研究初步證實過度活躍症與抑鬱症的遺傳，可能有重疊的地方。更令人值得思考的是，服用刺激劑的過度活躍症孩子比沒有治療的，長大後患上抑鬱症的機會大幅降低。種種數據顯示，過度活躍症孩子長大後患上抑鬱症可能與遺傳，或與過度活躍症相關的障礙有關。

近年過度活躍症跟進研究的另一焦點是他們長大後會否有狂躁抑鬱症，後者是指患者在情緒兩極之間不斷擺動，由興奮、狂燥、自大、精力旺盛，轉到低落、退縮、抑鬱，甚至自殺。由於過度活躍症的年青人經常有情緒管理的問題，狂躁症的界定近年也有擴闊的趨勢，兩者的重疊不易解決，過度活躍症孩子長大後是否有狂躁抑鬱症，是一個非常具爭議性的題目。

總括而言，過度活躍症孩子的成長，經常遇到一系列相關的障礙，他們有持續的過度活躍行為特徵，有低學歷、低技術職位的困局，社交和適應能力薄弱，部分更有反社會行為、犯罪、濫用藥物和情緒病的問題（圖 14.2）。

並非每一個過度活躍症孩子在成長路上必定遇上上述的眾多障礙，誰會、誰不會，變成了一個臨床上急切需要處理的問題，及早找出將來可能出現困難的孩子，在成長初期提供更密集、適切的治療，將有限的資源集中在需要的病者上，更是預防工作的合理期望。問題雖然清晰、重要，可是跟進研究能夠提供的數據卻是有限。

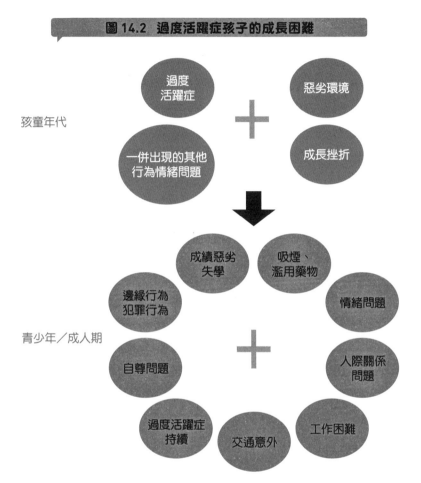

圖 14.2 過度活躍症孩子的成長困難

孩童年代

過度活躍症

一併出現的其他行為情緒問題

惡劣環境

成長挫折

青少年／成人期

成績惡劣失學

吸煙、濫用藥物

邊緣行為犯罪行為

情緒問題

自尊問題

人際關係問題

過度活躍症持續

交通意外

工作困難

　　臨床上似乎最能預測長大後仍然持續有過度活躍症，是孩童時期過度活躍病徵的嚴重程度和是否同時患上其他精神問題。換言之過度活躍病徵越多、越嚴重、越是影響日常生活，並有其他問題諸如品行失調等，越大機會變成成人的過度活躍症。父母有精神問題的比如父母也有過度活躍症或抑鬱症，也是病情持續的

指標之一。相反，孩子的智力、父母的教育程度和一系列背景因素諸如家境是否富裕、單親還是雙親家庭、孩子與父母的關係等，並不是病情持續的指標。看來過度活躍症病徵是否持續，是與孩子的病情與可能的父母遺傳有點關係，其他背景因素影響不大。

過去十年，有不少研究嘗試找出過度活躍症持續的生理基礎，大部分結果都令人失望，譬如說童年時期的認知能力、專注力的測試結果，磁力共振的檢測結果，甚至基因的測試，都一律未能預測病情是否持續，過度活躍症的病徵與背後的腦功能似乎並非平排發展，而是各有各的走勢，看來互不相干。

在眾多的研究當中，唯一一項比較突出的發現是病情持續與服藥治療有點關係。美國國立精神健康學院的 Philip Shaw 與他的同僚在一系列利用磁力共振量度大腦皮層厚薄（皮層厚薄是大腦成熟指標之一，見第三章《坐不定就是病？》）的研究中，發現有服用刺激劑的過度活躍症孩子，長大後病徵不單減少，大腦皮層厚薄也與正常孩子的相近。相反，沒有服藥的過度活躍症孩子，長大後病情持續，大腦皮層厚薄與正常孩子仍有距離。此外，愛爾蘭都柏林聖三一學院的 Thomas Frodl 也發現服用刺激劑比例越高的研究裡，孩子腦袋的底狀核（主理專注力腦袋結構之一，見第三章《坐不定就是病？》）縮小的嚴重程度，比沒有服藥治療的孩子明顯輕微得多。簡單來說，服藥治療過度活躍症，短期來有控制病徵的能力（見第十二章《藥療篇》）；長遠來說，藥物似乎有改善腦部結構與功能，使生長正常化的初步證據。

三 研究與現實的鴻溝

雖然研究一致指出，過度活躍症並非只是兒童時期的困難，也比我們希望中的更為持久，病徵越嚴重，病情更是持續，可是在現實裡絕大部分過度活躍症孩子踏入青春期後就開始不理醫生、父母的建議，抗拒吃藥，甚至私自停藥。

英國倫敦大學學院的研究指出，由十五歲到二十一歲的七年裡，超過 95% 的過度活躍症年青人已經停藥，美國相關的數字大概是 90%。停藥的百分比，遠遠超過研究裡找到只有一半二十歲過度活躍症年青人復原的比例。過度活躍症年青人不吃藥的原因，可以是他們覺得藥物治療已經不再有效，這種想法跟大部分研究的結果背道而馳。

在 2012 到 2014 這三年裡，一批瑞典卡羅琳學院的流行病學專家一口氣發表了四篇重量級的全國性人口研究，證實了藥物治療對過度活躍症成人的療效。四篇論文都是用相似的研究方法。瑞典有全國性人口的醫療記錄、藥物處方、犯罪記錄、自殺、交通意外紀錄。利用個人的身份號碼（有點似香港人的身份證號碼）便可將不同範疇的個人資料連在一起。研究團隊通過全國性的醫療記錄，在 2006 至 2009 年間，找出超過二萬名十八歲以上患有過度活躍症的成人，再追蹤他們在全國的處方藥物紀錄。有在藥房購買醫生處方治療過度活躍症的藥物並不一定就有服用，但沒有購買藥物的則不可能有服藥。在跟進的四年裡，這二萬多名病者服藥並不完全穩定，同一名病人可以有一段時間吃藥，也

可以有一段時間沒有吃藥，將這些資料聯繫到全國性的犯罪記錄裡，計算出每名病人有／沒有服藥的時期出現犯罪記錄的機率。研究團隊發現，過度活躍症成人男性的犯罪率，在有服藥的期間平均比沒有服藥的期間下降32%，在成人女性的犯罪率，有服藥期間平均比沒有服藥期間調低41%。

利用相似的研究方法，瑞典學者發現過度活躍症成人在有服藥期間比沒有服藥期間，自殺的風險率平均下降至0.89（如果風險率是1，說明服藥與否跟自殺沒有關係，風險率比率低於1，服藥有降低自殺出現的機會）。另外，過度活躍症成人在服藥比沒有服藥期間，遇上嚴重交通意外平均減低58%，風險率是0.42。最後過度活躍症成人，在服藥期間比沒有服藥期間，出現因濫用藥物而犯罪入院，甚至死亡的機會，平均下降了31%，風險率是0.69。

瑞典學者的四項研究都刊登在極具影響力的科學叢刊，2012年刊登第一篇報告治療過度活躍症藥物可減低犯罪機會，更在不少國際會議中引用及討論。臨床上治療過度活躍症的研究，最多只是牽涉數百名病者，然而犯罪、自殺、嚴重交通意外並不常見，不可能在幾百人的治療中找到差別，需要在龐大有代表性的全國人口數據中，才有研究的基礎。過往臨床治療研究通常都是將病人隨機分成兩組，服用藥物或安慰劑，然後比較兩組的結果來決定服藥的療效，雖然是隨機分組，但仍不能完全擺脫兩組中仍有混雜因子（confounder）導致治療結果有所偏差。瑞典的研究將同一病人有或沒有服藥的時期作比較，有效抵銷了因各人背

景不同而導致治療反應的偏差，從而有力證明藥物與降低犯罪等結果的因果關係。

研究人員相信，通過藥物有效治療過度活躍症病徵及其相關的損害，可以減低在過度活躍症成人可能出現的犯罪、自殺、交通意外和濫用藥物（表 14.1），完全一致的發現，跟年青人毋需吃藥的主觀感覺，可謂南轅北轍。

表 14.1　服藥比沒有服藥期間四種結果比數的百分比

	風險率	下降百分比
犯罪	0.59-0.68	32%-41%
自殺	0.89	-
嚴重交通意外	0.42	58%
濫用藥物	0.69	31%

過度活躍症年青人不願吃藥的原因，並不止於療效的議題上。離開學校、投入社會，他們可以自我調節環境的機會多了，也較求學時期容易掩飾不專注、衝動的缺陷，做一份無需坐定、專注的工作，並非病情好了，只是病徵沒有那麼顯露。年青人追求獨立，也不願接受藥物的「束縛」，再也沒有父母、老師的監督，服藥往往是他們希望擺脫的枷鎖。諷刺的是，他們成功擺脫的，是研究認定一項便宜、有效，又能提供多方面保護的治療。象牙塔內千錘百煉的研究成果應用在實際環境上，用家看來，只是不值一哂！

四 抗逆新詮

　　驟眼看來，過度活躍症孩子在成長上遇到的種種困難，容易
令人有負面或悲觀的感覺。然而，這些跟進研究也清楚說明，並
非每一個過度活躍症的孩子都有上述的成長障礙，有不少個案都
能成功克服種種困難健康成長。無論在臨床上或科研的領域裡，
如何理解過度活躍症孩子（或更廣義地包括各種不同行為或情緒
問題），在先天的局限下，因應不同階段的環境因素，踏出成長的
軌跡，是一個非常重要和極為有趣的問題。

　　傳統的跟進研究，往往只有兩點時空的資料，亦即是在孩童和
青少年（或者是成人期），兩個時期的各種行為、心理、適應或精
神健康等資料。這類研究可以提供某類問題孩子在成長後遇到困難
的描述性資料。在兒童精神科的範疇裡，這類跟進研究經常發現的
是，一部分孩子在青少年期並無問題，對於這些成功克服障礙成長
的一群，以往經常被籠統歸類為有抗逆能力（resilience），或環境
上有保護因素（protective factor）。大部分跟進研究對所謂抗逆的
探討，頗為薄弱，也缺乏有數據支持的觀點。

　　近年對兒童成長的理解，對抗逆能力的概念探討，似乎有微
妙的轉變。所謂抗逆能力，可能並不屬於單一範疇的概念，也並
非完全是個人擁有的能力。更準確的說，抗逆能力是幾個相關的
領域和因素（如疾病、環境因素和兒童發展等）在不同階段互相
影響的結果。換言之，對抗逆能力的探討，其實是對孩子成功克
服障礙健康成長的理解，而這些因素，並非單單局限於孩子某方

面能力的高低，也不只一時一地的因素，還應包括在成長路上的各種際遇。

五 病理的考慮

從病理的角度看，過度活躍症的遺傳和生理基礎，以及跟進研究的發現，都清楚說明過度活躍症病徵的持續性，而並非一時間短暫的偶然困難。除了同一表徵在不同成長階段的持續外（homotypic continuity），跟進研究揭示了他們在青少年期遇到新的問題──反社會行為和濫用藥物。

無論是在社區的流行病學研究還是臨床的求診個案系列，都一致指出約三分二過度活躍症孩子有其他的精神健康問題，而最常見的是對立反抗症和品行失調（見第九章《「禍」不單行》）。跟進研究清楚指出，年幼時期出現的品行問題與青少年期的犯罪，有非常密切的關係。前者在成長時期的延續可演變成後者在青少年期的出現。

英國劍橋大學的 David Farrington 在跟進四百多個在倫敦 Camberwell（倫敦南部比較貧窮的地區之一）成長的孩子的研究指出，孩童時有品行失調的孩子，長大後，他們的犯罪率比正常孩子的為高。可是同時患上過度活躍症和品行失調的孩子，他們在長大後的犯罪率比單單只有品行失調孩子的更高！

在濫用藥物方面，跟進研究也清楚說明差不多所有濫用藥物的青少年是在有品行失調的背景下出現。

兩方面的數據可總結為，過度活躍症青少年期適應的一項重要早期指標，是孩童時期是否有品行失調和對立反抗症，又或者籠統的說，過度活躍症孩子成長的抗逆能力端視乎他們的品行。在臨床的角度看，能否預防過度活躍症孩子出現各種品行問題，又或者將後者治癒，將是影響他們成長非常關鍵的因素，也是治療必須著力的地方。

這裡也帶出了過度活躍症跟進研究頗為重要但卻少為提及的命題，就是如果過度活躍症孩子的成長好與壞是由他們的品行所決定，那麼界定過度活躍症的各種行為特徵是否對他們的發展與成長無關痛癢？假如後者屬實，將會是過度活躍症作為一個疾病概念的挑戰。亦即是說，只要孩子沒有品行問題，有沒有過度活躍症對他們的成長並沒有構成任何障礙。

解答以上問題，並不可以從一般的跟進研究著手，因為在診所裡找到的過度活躍症孩子，往往有不同程度的品行問題。英國倫敦國王學院的 Eric Taylor 在 1996 年發表的論文，在這方面提供了確實的數據。他和他的同僚在大型社區流行病學研究的個案中，尋找到單單只有過度活躍問題而完全沒有品行問題的兒童作跟進研究，發現這些「純種」過度活躍兒童（pure hyperactivity），在青少年期的各項適應指標，跟既有過度活躍又有品行問題的「混合型」兒童（comorbid hyperactivity and conduct disorder）好不了多少。「純種」兒童在青少年期的學業成績、朋輩問題、社交問題，相比「混合型」兒童，幾乎一模一樣。前者在青少年期的暴力行為比後者較為輕微。更為重要的是，「純種」兒童比正常的對照組在各方面的適應明顯地差。

數據清楚說明，純粹只有過度活躍症而沒有品行問題的兒童，在青少年期仍遇上不少問題，過度活躍症的確構成成長上的障礙，不幸再有品行失調的孩子，長大後，問題更多！

六 發展的需要

放開病理的角度，孩子成長的好與壞，離不了能否恰當解決他們成長發展需要的考慮。孩子的成長，在不同階段有不同需要，而上一個階段的適應往往是為下一階段作準備，一環緊扣一環。在兒童發展的角度看，需要弄清楚的是，過度活躍症會否窒礙孩子的正常發展？從臨床的角度來說，答案是清楚不過的「是」！

以學習為例，很多過度活躍症孩子在小學初期未能適應班房秩序集中學習而導致成績差劣，默書「吃蛋」、考試「包尾」、中一學生仍未知英文有二十六個字母的個案，屢見不鮮。難以解決的問題是累積了六年學習問題的中一學生，幾乎沒有可能使他們學習「正常化」，這裡牽涉的不僅是難以一時追趕學習內容的鴻溝——六年的課程又豈可在一兩年間追到，還有孩子日積月累對學

習放棄的態度，父母老師由失望到降低要求，甚至沒有期望或排斥，不自覺間對孩子學習動機產生負面影響。更實際的困難是不易找到一間不理會課程而只跟孩子學習水平授課的主流學校。

在兒童發展的領域裡，一個流行的概念是敏感時期效應（sensitive period effect），是指孩子在成長某個階段遇上的障礙可以導致非常持續的惡劣影響，即使障礙其後消失，惡劣影響仍在，有趣的是同樣的障礙在其他成長階段出現，並不會造成這些惡劣影響。

敏感時期效應最常見的例子是孤兒院成長的孩子。在沒有固定照顧者的環境下成長的孩子，長大後，經常有人際關係問題，尤其是不善於處理微妙的感情關係。但這種惡劣影響，只在三歲前入住孤兒院的兒童身上出現，孩童時期才開始進孤兒院的孩子，長大後，並沒有以上問題！孩子在人生的頭三年與照顧者的關係與相處，成為他們以後處理親密關係最原始的模型，也留下了不可磨滅的成長烙印。好與壞，關鍵就在這三年裡！

敏感時期（sensitive period）的概念，說明了在恰切的時候照顧孩子發展需要的重要性，今天孩子在成長上缺乏的元素，未必在往後的日子裡可以補償得到，這些空白，甚至惡劣的經驗往往成為他們成長上的絆腳石，就如沒有被愛過的孩子長大後不易懂得去愛自己的孩子。一個口袋裡空空如也的人，又怎可以付出他不曾擁有過的東西？

所謂抗逆能力，在兒童發展的範疇來說，可以籠統地詮釋為關鍵時刻滿足了孩子的發展需要，裝備他們接受成長下一階段的挑戰。如何照顧過度活躍症孩子的正常發展需要而不受過度活躍症所累，是他們成長的另一個決定性因素，也是醫生、父母和老師需要攜手合作的領域。

七 環境對成長的作用

除了病理和發展需要的角度外，孩子的成長不可能不受他們身處的環境所影響。九十年代初期，美國加州大學的James Satterfield發現高達一半的過度活躍症孩子十七歲時已有犯罪紀錄，犯罪率之高，令人咋舌。但需要說明的是，這些均是七十年代初期在洛杉磯市成長和求診的兒童，他們身處的是一個高罪案率的環境和年代，同樣的犯罪率未必在其他地方的過度活躍症青少年找到。

犯罪學的跟進研究也發現，青少年在搬離以往成長犯案的地方，減少與一起長大的邊緣青少年朋友交往，在往後幾年的犯罪率有明顯下降。相反，假如他們與另一有犯罪紀錄的異性同居或結婚，他們的犯罪率在隨後的幾年有倍數級的上升。簡單的數據，說明了環境對孩子成長的影響。

某一項環境因素對孩子成長影響的理解，不能只單獨考慮該項環境因素而忽略了整個成長背景的配套。正如很多過度活躍症孩子

父母的疑問，將孩子轉到活動教學的學校裡，是否對他們的學習、成長有利？答案需要在整個個案的背景中考慮，而不是單單抽離一個轉校的因素去斷定對過度活躍症孩子成長是利還是弊。

在孩子成長的過程中，很多所謂突發的、單一的環境因素，其實與孩子的背景有千絲萬縷的關係。七、八十年代的研究指出，孩子生活遇到的一些惡劣經歷和不利的環境因素，往往是一併出現，而且是接踵而來（clustering），有些孩子的不利環境因素幾乎是不停發生，但大部分孩子卻是風平浪靜、並沒有什麼不利環境出現。細心分析這些不利環境因素的一併出現，會發覺他們大部分並非是單一偶然的個別事件，而是一個不利的環境因素經常會引發出另一個不利的轉變，我們稱之為連鎖效應（chain effect）。

舉例說，父親去世，母親因經濟問題而需重新外出工作，孩子在失去父親後，再「失去」母親照顧，缺乏監管的情況下，流落街頭，與邊緣青少年為伍，最後成為他們的一分子。父親的去世，可能只是意外，但由此可能引發出的一連串不利轉變，卻經常是一個接著一個，最終對孩子成長構成負面影響。

連鎖效應引申出來的含義，是一個不利因素的出現而最終導致的成長問題，往往是經一連串相關的困難陸續引起的，然而，這些連串不利因素的出現，並非必然，更不是命定。

在單親家庭裡需要工作的母親，並不一定不能好好監管照顧自己的子女，只是在剛剛面對喪夫之痛，需要重新適應工作要

求，應付家庭經濟拮据的困難，而又同時保持孩子的恰當照顧，對大部分母親和家庭來說，是艱巨的任務。

連鎖效應的挑戰在於，孩子在成長路上遇上的不利因素，若能成功處理，會帶來新的發展與機會，更有強化他們應付挑戰的能力（steeling effect）。反之，失敗則可能帶出更多的不利轉變。每一項的不利轉變都並非不可克服，但每一次的失敗都會令下一次的挑戰更為艱巨，最終在一連串累積的不利因素下，往往成為不易跨越的鴻溝。孩子的成長，所謂的命運，往往是有跡可尋。

抗逆，在環境因素對成長影響的角度看，可詮釋為成功遏止不利環境因素的連鎖效應。抗逆，不單指孩子的能力，還有成長環境鋪排的考慮。

八 預知未來？

第一代的過度活躍症跟進研究已成功描繪出這些孩子成長後遇到的困難，但對於如何理解同一斷症的孩子可以有非常不同的成長軌跡，一些可以健康成長，另一部分卻經歷不同問題，或甚至變成罪犯，所知卻非常有限。影響過度活躍症孩子的成長，並非單單是這個以行為特徵作斷症準則的疾病，還有更多互動的環境和兒童發展因素，他們的成長空間仍然寬闊，但卻不可不小心處理。

　　以今天對此病與兒童成長的理解，仍未可能預知每個過度活躍症孩子的將來，他們要走的道路，仍甚具可塑性。孩子的成長也總是游移在不可預知和可以理解的蹤跡之間。成長的片段，就像太平山下的萬家燈火，單獨看來，可以平平無奇，但拼湊起來，卻璀璨得令人動容。無論是展望將來，還是回首成長的軌跡，訴說十多個寒暑的故事，總有令人感嘆的時刻。

成人過度活躍症

一 神農氏

如果過度活躍症並不只是成長的鎮痛，到了青少年期不少病徵還會持續（見第十四章《成長篇》），那麼到了成人，是否還會有過度活躍症呢？成人過度活躍症是近十年「新興」的疾病。

（1）神農氏爸爸

潔是典型的過度活躍症孩子，求診時七歲，讀二年級，多動、衝動與專注力不足病徵俱備，幼稚園高班時已察覺病徵，一、二年級病徵持續，不但擾亂課堂秩序，成績也開始追不上，斷症後跟潔的父母商量後，處方了低劑量的刺激劑。

一星期後，潔覆診，問孩子服藥感覺如何，潔睜大眼睛說：「我沒有藥！爸爸吃了我的藥。」

便開了潔，單獨見潔爸爸，爸爸主動解釋疑團。

「何醫生，上次求診，你問孩子的病歷，然後解釋這是過度活躍症。其實潔的問題跟我小時候一模一樣，潔的嫲嫲經常說潔是我小時候的翻版，我信我小時候也有過度活躍症。」

「到現在工作，我以往的病徵並沒有消失，不用老闆、同事或老婆提出，我都知自己『失魂』，『冇記性』、做事不小心、聽不到吩咐，我覺得我現在仍然有過度活躍症。」

「上次你解釋刺激劑的用處和副作用，我想不如我首先試試這種藥，看看結果如何，再給潔服用，所以我拿了他的藥吃。」

「吃了幾次，腦筋從未如此清醒過，我的記性、反應、集中力和做事動力有明顯進步。」

「何醫生，這隻藥好像也可以醫好我，可不可以處方一點給我？」

孩子與父母同時患上過度活躍症的機會不低（見第五章《一種遺傳病？》），可是並非每一位父母都像潔爸爸那樣願意尋找治療。臨床上聽過不少過度活躍症孩子的媽媽投訴孩子的爸爸也有相同的問題，可是他們因為本身的經驗而不接受孩子也有問題。

「我小時候已是這樣，現在又能夠找到工作，怎會是病！」

「每個小朋友都坐不定，不專心的，我是這樣、他是這樣、每個都有病……」

「我小時候不看醫生也沒事，為什麼現在要孩子吃藥，不要吃，吃了對腦袋不好！」

（2）抑鬱的她

二十七歲的陳小姐是貿易公司的客戶主任，兩個月前求診，病徵是典型的抑鬱症。一年前父親因病離世，經過短暫哀傷後，很快復原。可是，大半年後情緒開始下滑，無緣無故哭了起來，整天心

情況重，聽到不幸的消息、新聞也會觸動她的情緒，經常想起以往不開心的日子，尤其已經去世的父親。做事毫不起勁，連平常喜愛的活動也沒有興趣，見朋友好像是一種負擔，也懶得說話。朋友開始留意到她好像怎樣逗也不會笑，總是沒反應。陳小姐開始失眠，自購安眠藥入睡，雖然勉強胡亂睡了一個晚上，早上、中午仍是疲倦不堪，工作失魂落魄，經常犯錯，胃口大減，體重輕了差不多三公斤。求診前，陳小姐情緒開始失控，哭不停，差的時候想到做人沒有意思，也驚覺自己再不是以前的自己。

陳小姐在服用抗抑鬱藥後，情緒大有好轉，兩個月下來，用她的說法，已經做回以前的自己，可是做事不專心、未能集中、記性不好，卻仍然持續，一方面當然可以是抑鬱症的病徵仍未完全痊癒，可是陳小姐有這樣的解釋。

「未患情緒病之前，我都是專心不來。」

「就是因為我工作不專心，經常犯了不小心的錯，第三行寫到第四行。上司吩咐的，應了她也很快忘記，轉頭卻沒有做。同事經常說我『大頭蝦』，工作混亂，兼且經常丟失 file 與手指（USB）。老闆三個月前就跟我說，我不適合在 office 工作，將我調出去見客。」

「我小時候讀書也不專心，老師經常寫手冊投訴我上課發夢、欠交功課、做功課慢、容易分心，考試卷我也做不完。」

「小學、中學讀書都是爸爸幫我的，爸爸放工回家後，就是跟我搏鬥，功課一份接一份，還要溫習、背默，經常做到深夜，爸爸很嚴厲，一做錯又喝又罵，老師寫手冊投訴我不專心和欠交功課，爸爸又罰。小時候與爸爸關係很緊張，又怕又恨，初中時與他鬥得最厲害，入了大學住進宿舍，與爸爸見面少了，關係反而緩和，但大家說話不多。沒有他的嚴格訓練，我相信我不可能入到大學。他患病的時候，也沒有機會跟他說……」

再一遍詳細評估陳小姐現在的專注力不足病徵，翻看了她以往的手冊與成績表，覆診的時候，把握機會問陳媽媽陳小姐小時候的投訴與專心表現，證實除了抑鬱症外，陳小姐還有過度活躍症，因為她的不專心，她與父親愛恨交纏，兩者的關係還未及處理，父親已經離世，為陳小姐的抑鬱病添上了另一層次的理解與考慮。

🔲 成人過度活躍症的評估

無論是美國精神學會的注意力不足過度活躍症，還是世界衛生組織的多動症，兩者的斷症守則與病徵，都是建基兒童及青少年時期的行為特徵，用相似的病徵套用在成人身上，未免有點不倫不類，舉例說過度活躍症孩子會好像是「開著摩打」似的時常不停「郁動」，這個病徵很難在成人找到。

　　尋找成人過度活躍症的行為特徵作為斷症守則，可以有兩種不同看法，一是重新建立成人型的病徵作為斷症守則，二是建基於現有年青人的守則修改成成人特徵。美國精神學會採納了後者，將現有的十八個多動、衝動和不專注的病徵保留，但加上成人期該病徵的可能表現，用例子說明。表 15.1、表 15.2 列舉了它們的病徵。

表 15.1　成人過度活躍症注意力不足病徵

一、遺漏細節，有不小心的錯誤，對繁瑣又多細節的工作（例如填寫表格，批閱文件）尤其覺得有壓力，有時在無謂的細節上花去太多不必要的時間。

二、有保持注意力的困難，尤其是沉悶，沒有興趣的工作或活動（例如閱讀、開會、做家務、聽講座）都無法完成，或開始了但中途轉到其他事項。

三、好像沒有聽到別人跟他說話，就算聽到了，也很易忘記，未能跟進，也未能消化別人的話，給人一種心不在焉的感覺。

四、不能貫徹執行指示，可以是開始後很快覺得沉悶，最後未能完成工作。

五、組織工作或活動有困難，時間管理差，經常遲到、失約或忘記最後限期、做事混亂、無條理、處理需要步驟的工作，選擇主要、次要的工作次序有困難。

六、不願意花時間在需要長時間專心的工作上（例如處理文件或撰寫論文），經常拖延到最後才勉強開始，然後草草了事。

七、遺失錢包、手袋、鎖匙、文件、電話、背包、外套、雨傘，或會隨手亂放，花時間尋找。

八、容易分心，經常同一時間做數件工作，要在絕對寧靜或充滿壓力環境下才可專心工作，或會投訴腦袋很多不相關的思緒。

九、忘記日常活動，經常投訴記性不好，答應了的活動又忘了，購物時忘記出門前預先需要購買的東西，忘記答應了的回電、付款。

表 15.2　成人過度活躍症多動和衝動病徵

一、手腳經常「郁動」，搖腳、踏腳、挖手指、轉身等姿勢，在等待的時間尤其明顯。

二、需要安坐的時候離座，在開會、進餐或跟別人對話時不能安坐或感覺不能安座。

三、不適當的時候經常走動，總是感到走動會舒服一點，對於可以走動的刺激活動（例如打球）比坐下閑適的活動（例如曬太陽，練書法）更有興趣。

四、空閑活動不能保持安靜，寧願外出也不願留在家中。

五、好像開了「摩打」似的時常不停「郁動」，別人看來好像經常有快速不停的節奏，經常忙碌，度假也沒有休息的時間。

六、說話過多，沒有平常一問一答的對話，給人好像壟斷對話，不理別人說話的感覺。

七、問題未完，搶著說答案，心裡覺得別人好像說得太慢，要等別人說完覺得不耐煩，要替別人說完最後的意思，或未經考慮時間或場合是否恰當，便說出當時所想。

八、不能排隊輪候，排隊等位飲茶、等自動櫃員機、等小朋友完成工作感到不耐煩，或在需要等候的時間，一邊做著其他東西來打發時間。

九、強行打擾別人對話或遊戲，或看見別人工作時，未經詢問便加入「幫助」、「參與」或「代替」別人工作。

隨著年紀的長大，多動與衝動的病徵一般比不專注病徵更早改善，所以成人過度活躍症經常的主要投訴是專注力不足的問題。也由於病情的改善，美國精神學會要求在九項多動、衝動，或九項不專心病徵中有其中五項便符合成人過度活躍症的病徵要求（兒童是九項病徵中附合六項）。

　　成人過度活躍症的病徵仍然需要在兩個或以上的環境出現，病徵出現的時間要在十二歲之前。斷症守則還要求病徵導致社交、工作、學習等方面有明顯障礙。成人過度活躍症在這方面，障礙可真不少。學業上最常見的是成績欠佳，不能畢業，也未能進入大學。工作上經常轉換職位，工作表現欠佳，工作職位偏低及工作上常有意外。成人過度活躍症患者經常與人衝突、易怒、情緒反應快且大。與同事、朋友、愛侶，甚至他們的孩子相處困難，與愛侶的關係也傾向短暫，外國研究指出他們的離婚率偏高，衝動的病徵也容易令他們遇上交通意外和犯罪。

表 15.3　美國精神學會成人過度活躍症的定義

注意力不足	• 九項病徵中符合五項，並維持半年以上
過度活躍	• 病徵在十二歲前發現
衝動病徵	• 病徵在兩個或以上環境出現
	• 導致社交、學習或工作上有明顯障礙
	• 病徵並不是由其他身體或精神問題引致

　　表 15.3 列出了美國精神學會對成人過度活躍症的斷症守則。守則雖然清楚，應用上卻並非簡單直接。

　　早期成人過度活躍症的研究側重在精神科診所求診的病人身上，發現超過一半精神科病人承認自己有不少專注力、多動及衝動的病徵，有些研究更聲稱這些就是成人過度活躍症，但在這批病人身上，卻不易找到過度活躍症經常有的專注力測試異常的特

徵。過度活躍症的病徵並非僅僅只在此病中出現，不專心的表現可以在過度活躍症、抑鬱症、狂躁症及極度焦慮中找到，單憑病人說自己不專心而沒有仔細了解不專心的特徵，容易將這些貌似過度活躍症的病人誤診。

從另一極端來說，不少成人過度活躍症的病人並不為意自己的不專注和衝動問題，臨床上見過不少長大了的過度活躍症年青人，雖然年少時病徵明顯，長大後並不認為自己有任何問題，對父母、朋友、伴侶指出他仍然有年少時的病徵，一概不認。停藥後，對於病徵明顯加劇也有諸般藉口，似乎，一部分過度活躍症成人對自己不專心、多動、衝動的病徵敏感度偏低，並不容易承認自己有任何問題，斷症也無從說起。

成人斷症應用的另一常見問題，就是需要證明病徵在十二歲前出現。典型的患者，可以在他們詳細的病歷中、以往評估的紀錄，或中小學成績表、老師寫的行為評語中，找到病徵的端倪。一部分過度活躍症的成人，由於他們的智力不差，加上以往父母的管教與老師、學校的支援，學習並沒有問題，也沒有白紙黑字的投訴，可是在這些配合環境消失後，譬如入了大學，進了寄宿學校、學習或工作環境要求專注力增高，過度活躍症的病徵便重新顯露出來，一般來說，這批成長看似沒有問題的成人在年青的時候，往往找到病徵的蛛絲馬跡。

尋找成人過度活躍症年青時是否有病徵的另一方法，當然是與病人的父母或他們年長的兄姊詢問病歷。雖然大部分個案的病歷清楚直接，但臨床上也遇到不少意想不到的反應。

　　過度活躍症是有遺傳基礎的疾病，父母也可以同時有病，反應可以是：「如果這都是病，我全家都有病，他還不算是最差那一個！」

　　部分過度活躍症孩子的家庭氣氛並不融洽，家長在管教上不和，孩子長大後父母仍然可以繼續在病徵上爭拗：「小的時候，他總是不能專心做功課，說東說西。他媽媽認為這只是好奇心，應該讓他講，還嫌我管教太嚴。你現在問他媽媽，她一定不會說他不專心。」

　　基於誤會及擔心過度活躍症是父母不當照顧引起，重提以往的病歷，父母的反應可以是：「我也不記得了！」、「他怎算是有問題」、「只是學校說他表現不好，在家他沒問題的」、「我管教他的時候他沒問題的，只是媽媽照顧不來，他才有問題。」

　　成人過度活躍症斷症的另一項困難就是成人在發現自己的問題後，會尋找方法去避免或補救問題，從而減少病徵對日常生活的影響。臨床上，見過不少過度活躍症的成人放棄需要坐定定、仔細閱讀文件的工作，改為尋找可以離開辦公室、與不同人物接觸、需要作即時決定的工作。興趣上也傾向活動性、刺激性較強的運動，而不喜歡靜態的閱讀。在需要處理文書工作的時候，他們喜歡尋找同事、秘書幫忙，有些更會要求秘書撮要或閱讀文件。不少過度活躍症的成人懂得利用手機、便條、月曆等提醒自己需要工作的事項，更設計特定專用位置擺放隨身物件，避免經常遺失。

三 還有其他

　　成人過度活躍症的流行病學研究只在近年才相繼出現，2006年美國哈佛大學的 Ronald Kessler 發表了第一篇比較有代表性的大型研究，在 3,199 名十八至四十四歲的成人中，找出約 4.4% 患上過度活躍症，其中只有 10% 曾經接受治療。Kessler 之後，相繼有好幾項大型普查，證實成人過度活躍症病發率的中位數是 2.5%。

　　2017 年世界衛生組織統籌的 World Mental Health Surveys，基於二十個國家共 26,744 名成人的研究，找出 2.8% 成人有過度活躍症，其中男士的病發率為 3.4%，女士為 2.2%，年紀越大病發率亦隨之下降，十八至二十四歲的組別的病發率是 3.3%，二十五至三十四歲組別是 2.7%，三十五至四十四歲組別是 2.4%。病發率在不同國家並不一樣，但差別更大的是接受治療的機會，在低收入國家的過度活躍症成人患者，絕大部分並沒有接受過治療。國家的財富與她能提供的醫療服務當然有莫大關係，貧富差距在治療成人過度活躍症中尤其明顯。

　　世界衛生組織的研究還指出約一半成人過度活躍症的患者同時還有其他精神疾患，約五分一有另外一種精神健康問題，八分一有另外兩種精神健康問題，六分一有三種或以上。跟兒童及青少年過度活躍症一樣，成人過度活躍症經常有其他一併發生的精神健康問題，但一併發生的疾患性質並不一樣。

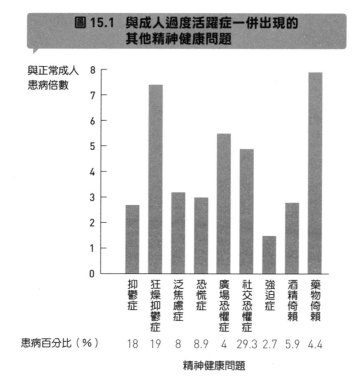

圖 15.1 與成人過度活躍症一併出現的其他精神健康問題

圖 15.1 列出了成人過度活躍症經常找到的精神疾患，18% 成人過度活躍症病人同時患上抑鬱症，他們患上抑鬱症的機會是沒有過度活躍症的 2.7 倍。19% 成人過度活躍症患者同時患上狂躁抑鬱症，患病機會是正常的 7.4 倍。8% 成人過度活躍症患者有泛焦慮症，是正常的 3.2 倍。細看圖 15.1 可以發現成人過度活躍症與一系列常見的成人精神健康問題一併出現，病發的機會更是倍數級上升。

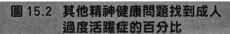

**圖 15.2 其他精神健康問題找到成人
過度活躍症的百分比**

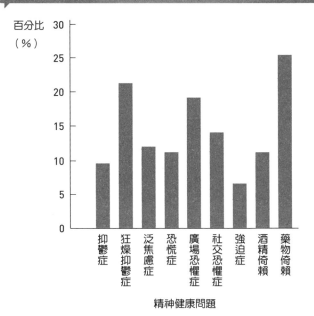

從另一角度看，在常見的精神健康問題中，有多少可以找到
成人過度活躍症的影蹤？圖 15.2 提供了這方面的數據，9% 的抑鬱
症成人同時亦患有過度活躍症，21% 狂躁抑鬱症成人有過度活躍
症。成人過度活躍症與其他精神疾患一併出現，是過去十年經常
討論研究的熱點，爭拗頗多，其中過度活躍症與狂躁抑鬱症的重
疊最惹爭論，箇中的細節牽涉頗多研究方法與概念分析，在這裡
不再細表。

近年不少學者開始指出不少成人精神疾患對現在治療的反應不佳，背後原因之一可能是忽略了同時患上成人過度活躍症，而後者並沒有得到適當的診治，這種看法仍未有充分足夠的實證數據支持，但已經足夠令前線醫生再面對不易治癒的成人精神病病人，重新評估患上成人過度活躍症的可能性。

除了上述的精神健康問題外，成人過度活躍症在日常生活上，還經常有其他障礙，其中以睡眠、飲食及情緒管理問題最為常見。

差不多 70% 患上過度活躍症的成人會有睡眠問題，大部分都是青少年期已經出現，一直延續到成人期。最明顯的是晚上不易入睡，不少成人患者投訴他們的腦筋太過活躍，想東想西，並非有特定的顧慮，或需要解決的問題，但腦袋裡總有很多短暫、並不相關，甚至可能無聊的思緒，一個轉到另一個，雖然身體疲倦，也不易入睡，部分患者身體褪黑素在夜間延後分泌，拖慢進入睡眠狀態的情況。成人患者還有睡眠過少，經常睡醒，造成早上起床困難，日間仍然渴睡，後者當然加深在工作時專注不足的困難。

過度活躍症的成人，飲食經常不穩定。他們很多不吃早餐；因為工作忙亂，經常將午餐推遲，甚至不吃；下午時段就開始吃並不健康的各種零食。部分患者，尤其女性，更有暴食問題，在短暫時間失控地大量進食、直至家裡食物吃清、被人撞破，或者嘔吐為止；暴食過後，進食回復正常，但在數天或一星期後，暴

食又重複出現。由於過度活躍症病人的進食並不健康，外國研究發現部分亦有過度肥胖的問題。

大部分成人過度活躍症患者都有情緒不穩、容易「忟憎」、經常發脾氣的問題，他們可以一日四、五次為小事「發忟」，譬如關了門才記起沒有帶鎖匙、工作總推遲到最後導致下一個約會又再遲到、丟失電話，或者指示說了三遍孩子好像仍然未懂等。這些情緒可大可小，但一般都是短暫，大多是因為日常瑣碎的事引起，事後迅即回復正常，患者多有自知之明，知道自己情緒上落，很易「發忟」，奈何不易控制。

成人過度活躍症的情緒管理問題，不可以與剛才所說一併出現的抑鬱症或狂躁抑鬱症混淆，前者是長年累月每日如是的短暫情緒管理問題，後者的情緒疾病是另外一種精神健康問題，是好幾日到好幾個月持續的情緒轉變，回復正常後，患者的情緒再沒有問題。成人過度活躍症病徵的因子研究（見第三章《坐不定就是病？》）經常找到三個因子，一是專注力不足，二是多動、衝動，第三就是情緒管理問題。頭兩個因子常在相似的兒童過度活躍症研究裡找到，第三個因子卻在成人過度活躍症中常見。

治療成人過度活躍症的刺激劑，不單對過度活躍症的主要病因多動、衝動與不專注有效，對剛才所說的情緒不穩定也有用，藥效不單相似，而且各種病徵經常一併進步，種種跡象顯示，成人過度活躍症的情緒管理問題，並非另外的情緒病，而是過度活躍症的一部分。

四 成人過度活躍症的治療

治療成人過度活躍症需要由解釋病徵開始。部分成人總覺自己與別不同，但並不理解背後是過度活躍症引起，常被人誤解成懶惰、愚蠢，他們的成長非常困難，解釋診斷可以幫助患者了解由過去到現在，整個成長階段如何因為過度活躍症的病狀及相關的障礙逐步走到今天的困難。解釋過度活躍症的同時，也需要幫助患者弄清楚與病症一併出現的其他精神問題，從而了解病情的互動與複雜性。

部分成人患者在知悉診斷後，會有終於真相大白的感覺。有些在傷感過後，會有為什麼不早點知道的憤怒，亦有患者不停尋根究底，了解病症的成因，理解過度活躍症並非一兩次求診時間就可以圓滿結束。臨床上，經常遇到成人患者在治療初段，隨著病情的變化，對此病的理解常有反覆疑惑，妥善處理這些疑問是治療的必經步驟，也奠定下一步治療的基礎。

如上一節所述，有過度活躍症的成人經常有不大不小、一出一入的生活困難，如何克服這些問題，是治療上不可忽視的一環。表 15.4 列出了最常需要處理的問題，雖然並非每一個過度活躍症成人都需要做足表上的所有事項，所列事項也並不能包括患有此症的病人的所有問題，每項問題亦非三言兩語、短時間內可以將過往多年的習慣改變，由於處理的事項眾多，既要細緻，亦要實際可行，北美國家開始流行 ADHD coaching 的看法，亦即是

> **表 15.4　成人過度活躍症日常生活需要處理的事項**
>
> 1. 建立每天工作的時間表
> 2. 設定時間的運用，切忌拖延
> 3. 好好利用日記、週記、月記
> 4. 建立電郵、信件、表格即時處理的習慣
> 5. 學懂將最挑戰性的工作適當委託他人
> 6. 避免不斷自我貶值的態度
> 7. 要妥善運用金錢
> 8. 尋找互相支援的小組
> 9. 處理好關係，包括愛侶、家庭及社交關係
> 10. 職業輔導
> 11. 建立健康的日常生活

一些熟悉成人過度活躍症的專業人士，協助訓練患者處理他們日常生活遇到的困難，建立他們解決問題的技巧、方法和態度，並提供情緒支援。

過去十年，亦開始有專門針對成人過度活躍症的認知行為療法，與剛才所說的 coaching 有部分重疊的地方，但治療的另一重點是提升患者認識自己的認知缺陷，從而作出改變。

藥物治療成人過度活躍症，仍然是數據最豐富、療效最清楚的方法，歐美各國的治療守則頗多建議藥物是醫治成人過度活躍症的首選，歐洲國家普遍建議使用刺激劑作為第一選擇，美國則列出了不少刺激劑與非刺激劑皆可選用的方案。

表 15.5　治療成人過度活躍症的藥物	
短藥效	利他林（Ritalin） 長效利他林（Ritalin LA） 專注達（Concerta）
非刺激劑	斯德瑞（Strattera） 威博雋（Wellbutrin） 丙咪嗪（Imipramine）

　　表15.5列出了在香港可以處方又被證實有效治療成人過度活躍症的藥物。文獻記載，這些藥物在成人或孩子的過度活躍症裡，有差不多一模一樣的療效，成人服用的劑量當然比孩子的要高。成人跟孩子不同，他們工作的時間、需要專心處理事務的時間、工餘時間，均沒有孩子需要上學、溫習、考試那樣定期和一致，成人可以自己控制調校休閑與工作，所以成人服藥的考慮，往往因人而異，有點度身訂造的味道，藥物的選擇、長效還是短效、服藥時間，都可以有點彈性，而藥效與劑量，只是考慮因素之一，過度活躍症的成人，需要與醫生商量，才可找到適當的藥物治療。

　　由於大部分成人過度活躍症有一併出現的其他精神健康問題，藥物治療亦相應變得複雜，譬如說傳統的刺激劑可能令一併出現的焦慮症狀加深，刺激劑可能並不適合已經有濫用藥物記錄的成人，由於威博雋本身有抗抑鬱的療效，可能特別適合同時有過度活躍症和抑鬱症的成人。

　　如果一併出現的其他精神疾病需要另外的藥物治療，兩種藥物之間的相互影響，也是用藥需要考慮的因素。比如說，一些常用來治療抑鬱症的血清素回收抑壓劑（serotonin reuptake inhibitor）與斯德瑞，需要相似的肝酵素代謝，一併服用可能需要調低劑量，避免藥物過重帶來的副作用。

　　治療兩種或以上一併而來的精神問題，更根本的考慮是，應該由哪一種病症開始。大部分醫生的臨床考慮，都是由最嚴重、最影響病人生活的病症下手，譬如說同時有過度活躍症與狂躁抑鬱症，大部分醫生會由醫治後者開始，同時有過度活躍症與抑鬱症，尤其有自殺傾向的，醫生會急於治療抑鬱症為先。同時有過度活躍症與焦慮症，醫生需要評估每種病症的輕重才有決定。可是在現實生活上，不同精神病徵經常互為影響，往往未能單項獨立處理，同時有過度活躍症與濫用藥物的病人，雖然醫生傾向由處理濫用藥物開始，但不能有效處理過度活躍的衝動行為，也不易遏止他們重複一時失控的濫藥行為。

　　與兒童過度活躍症相比，成人過度活躍症的病徵比較混雜，表徵也相對含蓄，在一般診斷中，並不輕易察覺得到，也容易與其他病徵混淆，評估比較複雜。在診斷確認後，因有需要評估其他一併而來的精神疾患，同時處理數種病症的考慮與用藥安排，也比兒童過度活躍症更為常見。所以治療成人過度活躍症對醫生的要求，可能要比治療兒童過度活躍症的更高。隨著這一代兒童過度活躍症患者長大，部分會延續到成人，也因為公眾對過度活躍症的認識提高，相信在往後十年，成人過度活躍症將會是本地精神科服務不可迴避的新挑戰。

四點鐘的驚恐

探討兒童過度活躍症

（增訂版）

作者	何定邦醫生
總編輯	葉海旋
助理編輯	麥翠珏
書籍設計	TakeEverythingEasy Design Studio

出版	花千樹出版有限公司
地址	九龍深水埗元州街 290-296 號 1104 室
電郵	info@arcadiapress.com.hk
網址	www.arcadiapress.com.hk

台灣發行	遠景出版事業有限公司
電話	（886）2-22545560

印刷	標緻製作公司
初版	2018 年 7 月
ISBN	978-988-8484-05-8